Harald Pinl
Kriegskind – Unruhige Zeiten

Umschlag

Nissenhütten als Notunterkunft für Flüchtlingsfamilien 1953 in Hamburg-Harburg. (Photo Hamburgisches Architekturarchiv)

Das "Spiegelei", Wachabzeichen für Marineoffiziere, soll verdeutlichen, dass die meisten Autoren in der Bundesmarine dienten.

Als Kriegskind in unruhigen Zeiten

**Erlebnisse
vor und nach Kriegsende 1945**

Ein Sammelwerk,
herausgegeben von
Harald Pinl

Altencelle
2025

Verlag: BoD · Books on Demand GmbH, Überseering 33,

22297 Hamburg, bod@bod.de

Druck: Libri Plureos GmbH, Friedensallee 273, 22763 Hamburg

ISBN: 978-3-8192-1211-6

Inhalt

Zum Geleit

Die Geburtsjahrgänge zwischen 1930 und 1945, die als Kinder die Kriegszeit erlebt haben, werden in der Literatur auch als „Kriegskinder" bezeichnet. Der Krieg und die Jahre danach haben bei diesen Kindern, bewusst oder bei den Jüngeren eher unbewusst, ihre Spuren in ihrem späteren Verhalten hinterlassen. Das spiegeln die Titel einiger Schriften wider, wie zum Beispiel der von Sabine Bode: „Die Vergessene Generation – Die Kriegskinder brechen ihr Schweigen", oder der Dokumentarfilm „Söhne ohne Väter – Vom Verlust der Kriegsgeneration" von Andreas Fischer.

Dazu gehört auch, dass einige ihre „Kriegserlebnisse" und die Zeit danach für ihre Nachkommen niedergeschrieben haben. Und man spricht von „Kriegskinder-Traumata" und dass sogar die Psyche der „Kriegsenkel" noch dadurch beeinflusst worden sei.

Nachdem in der Schrift „Vom Kriegskind zum Marineoffizier" sieben Kameraden der Marineoffiziercrew X/61 ihre Erlebnisse niedergeschrieben haben, wird in dieser Schrift der Kreis der autobiographischen Erzähler über die Crew hinaus erweitert. So berichten neben Herwig Heisler (Crew X/61), Karsten Eckermann (Crew IV/61), Rudolf Schlüter (Crew IV/59) und der Handelsschiffoffizier Kapitän Jan Peter Tjardts. Auch Steve Kime von der US-Navy hat seine Kindheit während des II. Weltkrieges verbracht und berichtet zum Vergleich über die Auswirkungen des Krieges auf seine Familie in den USA. Die Einzelerlebnisse werden abschließend ergänzt durch übergreifende Betrachtungen des Kulturwissenschaftlers Professor Dr. Albrecht Lehmann von der Universität Hamburg.

Für die Erlaubnis, das Umschlagsphoto abzudrucken, sei dem Hamburgischen Architekturarchiv gedankt.

Altencelle, im Mai 2025   Harald Pinl

Vom Friesen- zum Schiffsjungen

Von Jan Peter Tjardts

Als Zeitzeuge, Jahrgang 1938, kann ich mich an meinen Vater bewusst nur an dessen Heimaturlaub im Mai 1942 in Esens erinnern. Er kam für einige Wochen von der Ostfront als junger Leutnant der Wehrmacht nach Hause, sah seine wenige Monate alte Tochter, meine Schwester, zum ersten Mal, und mich, der ich zu dem Zeitpunkt vier Jahre alt war, zum wiederholten Mal. Ich kann mich an diesen Urlaub und meinen Vater so gut erinnern, weil die Familie einen Fahrrad-Ausflug machte, bei dem ich, der ich bei meinem Vater vorne am Lenker auf einem Sitz saß, den rechten Fuß in die Speichen bekam und ein Mordsgeschrei anstimmte. Eine weitere Begebenheit aus diesem Urlaub meines Vaters war der abendliche Besuch eines Architekten-Ehepaares, für dessen Betrieb mein Vater vor dem Krieg die jährliche Steuererklärung gemacht hatte. Als meine Eltern den Besuch bei der Verabschiedung zur Haustür begleiteten, wurde ich wach, flitzte in das Wohnzimmer und leckte mit der Zunge die Neige des Likörs aus den vier Gläsern. Wahrscheinlich war das mit vier Jahren mein erster kleiner Alkoholrausch.

Vor diesem Urlaub war mein Vater an der Westfront in Frankreich eingesetzt. Hieran habe ich zwar keine Erinnerung, ich lernte später nur einige Dinge kennen, die mein Vater meiner Mutter aus Paris mitgebracht hatte. Darunter war das Likör-Service, aus dem eben die Neige probiert wurde, und ein Aschenbecher-Set mit einer aus Holz geschnitzten schwarzen Eule, die mit hübschen Glasaugen quasi den Zigarettenkonsum meines Vaters überwachte.

Mehr bewusste Erinnerungen an meinen Vater gab es leider nicht, denn seine Verlegung an die Ostfront „zur Eroberung neuen Lebensraumes" und Vollendung des „Endsieges" für den Führer und sein Regime brachte ihm im Juli 1944 den Tod. Als Leutnant musste er den auf Heimaturlaub befindlichen Kompaniechef der 6. Kompanie im Infanterie-Regiment 695 vertreten und fiel in einem russischen Hinterhalt in der Nähe von Wyssotschnino, 20 km nordöstlich Semljansk, durch einen von hinten abgefeuerten Lungendurchschuss. Bestattet wurde er auf dem Regiments-Friedhof bei Malaja Werejka, im russischen Gebiet südlich von Moskau und nordöstlich von Charkiw in der heutigen Ukraine. Wenige Tage im Feldlazarett reichten fürs Überleben nicht aus. In einem Paket trafen später seine Reitstiefel mit Sporen, sein Degen, seine Mütze und seine silberne Zigarettendose mit einer französischen Zigarettenspitze aus seinem vorigen Einsatz an der Westfront bei der jungen Witwe, meiner Mutter, ein. Interessant waren auch die handgeschriebenen Briefe der Vorgesetzten an die Witwe, die ich nach dem Tod meiner Mutter alle lesen konnte. Sie hatte diese und alle Feldpostbriefe und -karten meines Vaters, säuberlich zu Päckchen geschnürt, aufbewahrt. Sein unmittelbarer Vorgesetzter war der Bataillons-Kommandeur, ein Oberstleutnant. Mit diesem war er befreundet, das habe ich später von meiner Mutter erfahren. Der Brief fing mit „liebe gnädige Frau" an, war auf vier Seiten sehr persönlich gehalten und endete mit einer vertrauten Schlussformel. Der nächst höhere Vorgesetzte war der Regimentskommandeur, ein Oberst. Der zweiseitige Brief war im Ton bereits deutlich förmlicher und seine Schlussformel lautete schon „Heil Hitler". Der folgende einseitige Brief des Divisions-Kommandeurs, einem Generalmajor, triefte nur so von den Heldentaten für Volk und Führer durch meinen Vater und endete natürlich auch mit „Heil Hitler" und dem Versprechen an die Witwe, für den absehbaren Endsieg weiter zu kämpfen.

Ich fragte mich bei der Lektüre dieser Briefe, woher nahmen diese Offiziere die Zeit, an einer gefechtsreichen Front, noch ausführliche handschriftliche Briefe für gefallene Kameraden zu verfassen? Und diese vom Dienstgrad abhängigen unterschiedlichen

Führerbekundungen? War es deren Überzeugung oder mussten sie ein Screening ihrer Post und dann bei Ehrlichkeit einen Karriereknick befürchten?

Durch die Feldpost meines Vaters erfuhr ich, dass dieser kurz vor seinem Tod durch die Ukraine und den Donbas marschiert war, die Schönheit der Landschaft und die erbärmliche Armut in den dreckigen Dörfern, aber auch den überwiegend freundlichen Empfang der deutschen Soldaten durch die Bevölkerung, beschrieben hatte. Die Gegend also, in der heute, über 80 Jahre später, durch den völkerrechtswidrigen Überfall der Russen, wieder ein Krieg mit u.a. deutschen Panzern tobt. Einem Landstrich mit einer Bevölkerung, deren ältere Mitglieder sich noch an die Panzer des deutschen Generaloberst Heinz Guderian in den 1940er Jahren erinnern, u.a. an die Schlacht um Kiew. Hitler setzte ihn danach vorübergehend ab, reaktivierte ihn aber später wieder und holte ihn zurück in die Truppe.

Ein weiteres Ereignis aus dem Kriege war der Besuch mit meiner Mutter und Schwester 1943 bei Freunden in Wilhelmshaven, an den ich mich in Einzelheiten erinnere. Während des Aufenthaltes dort gab es Fliegeralarm, bei dem an diesem Tag die Gegend um die Kriegsmarinewerft, dem heutigen Arsenal, vernebelt wurde. Die Familie erhielt eine grobe Beschreibung für den Weg zum nächsten Bunker, verlor aber in dem Nebel und auf den unbekannten Straßen die Orientierung und irrte während der Zeit des Alarms nur umher. Der Bunker wurde nicht gefunden und nach einer gefühlten Ewigkeit ertönten die Sirenen mit dem Entwarnungs-Signal. Der Nebel verzog sich, es war zum Glück nichts passiert und der Besuch konnte fortgesetzt werden.

Unsere Familie hatte Verwandte in der Tschechoslowakei. Der Onkel von mir, Bruder meines Vaters und Diplom-Landwirt, war Verwalter eines großen Gutes in einem kleinen Dorf in der Nähe von Prag. Die Frau von meinem Onkel, meine Tante, stammte von Fehmarn. Die Ehefrau von dem später ermordeten Reichsverweser von Böhmen und Mähren, Heydrich, kam ebenfalls von der Insel Fehmarn. Ob es da einen Zusammenhang gegeben hat, konnte ich nicht in Erfahrung bringen, außer einer entfernten Verwandtschaft zwischen meiner Tante und Frau Heydrich.

Gut ein Jahr nach diesem Vorfall wurde unsere jetzt dreiköpfige Familie ohne Vater in die Tschechoslowakei auf das von meinem Onkel verwaltete Gut eingeladen. Man wollte wohl der jungen Witwe einen Tapetenwechsel in ihrer Trauer schenken, denn es herrschte ja noch immer Krieg und unsere Wohnung lag in der Nähe des Kriegshafens Wilhelmshaven und der Flugplätze Jever und Wittmund, die ständig Ziele der Alliierten waren.

An den Aufenthalt auf dem Gut habe ich noch lebhafte Erinnerungen. Ich durfte mit den tschechischen Landarbeitern aufs Feld und das Ernten von hauptsächlich Mohn und rötlichen Kartof-

Der Autor (links) auf einem Arbeitsochsen nach getaner Landarbeit.

feln begleiten, oft auf dem Rücken von Ochsen, die die Gespanne zogen. Brambori, das tschechische Wort für Kartoffeln, ist das einzige was ich aus der Zeit behalten habe. Nach der Feldarbeit wurden die Ochsen abends zur Reinigung durch einen direkt neben dem Gut befindlichen Dorfteich getrieben, bei dem ich auch „hoch zu Ochs" mitreiten durfte. Man kann sicher davon ausgehen, dass nach dem Attentat auf Heydrich eine gewisse Angst und ein Misstrauen der deutschen „Besatzer" gegenüber den Tschechoslowaken herrschte. Trotzdem wurde auch einmal Prag besucht, aber als ich mit meinem Enkel 2017 eine Woche in Prag verbrachte, wollte mir partout keine Erinnerung an die Stadt aus dem Jahre 1943 einfallen.

Wir reisten nach mehreren Wochen aus der Tschechoslowakei ab und machten auf der Rückreise noch Station in Dresden, Berlin und Hamburg bei weiteren Verwandten. Mit Dresden, wo ein Onkel meiner Mutter Leiter eines Gaswerkes war, verbindet mich eine lebhafte Erinnerung an ein Pferderennen. Mein Großvater war Pferdezüchter und die Verwandten in Dresden dachten wohl, mit Nachkommen aus so einem Stall muss man unbedingt auf die Rennbahn. Es war ein wunderschöner Tag mit azurblauem Himmel, die Damen mit breitkrempigen Hüten, fast wie in Ascot, auf jeden Fall „very british". Man tat so, als lebe man im tiefsten Frieden. Das Bild wurde nur etwas getrübt, wenn man den Blick zum Himmel warf: über der Rennbahn befand sich eine Unzahl an Fesselballonen, die wohl der Abwehr feindlicher Luftangriffe dienen sollten. Zu der Zeit ahnte natürlich noch niemand, was Dresden im Januar 1945 aus der Luft von den Alliierten blühen sollte. Auch hier machte ich später nach der Wende bei einem längeren Aufenthalt in Dresden die Erfahrung, dass ich, außer unscharfen Bildern vom Zwinger und den Elbterrassen, nichts in meinem Gedächtnis von dieser schönen Stadt abrufen konnte.

Die Weiterfahrt nach Berlin fand reibungslos statt. Man musste ohnehin staunen, dass in dieser Kriegszeit eine längere Bahnfahrt mit diversen Umsteigepunkten überhaupt möglich war. Erschwerend kam hinzu, dass meine Mutter zusätzlich noch den Kindewagen für meine einjährige Schwester transportieren musste. Aber durch die zuvorkommende Hilfsbereitschaft der Mitreisenden gab es hier kaum Probleme. Aus heutiger Sicht kann ich feststellen, dass die Menschen damals, trotz der angespannten Kriegslage, wo jeder sein individuelles Päckchen tragen musste, höflicher, zugewandter, aufmerksamer und weniger egoistisch gegenüber ihrem Nächsten waren als heute. Von Berlin blieben mir die hektische Betriebsamkeit dieser Großstadt und die vielen und unterschiedlichen Verkehrsmittel in besonderer Erinnerung. Fahrstühle und besonders die häufig anzutreffenden Paternoster waren für mich faszinierend und wurden für diverse Extratouren ausgenutzt.

Die letzte Etappe dieser langen Reise führte uns nach Hamburg zu Verwandten und Freunden. Hier fand ich die Hochbahn besonders staunenswert, aus der ich am liebsten gar nicht mehr ausgestiegen wäre. Und natürlich der Besuch des Hagenbeck'schen Tierparks hat sich in meinem Gedächtnis eingegraben. Fast alles waren ja Tiere, die ich noch nie real zu Gesicht bekommen hatte. Besonders die Elefanten und Giraffen taten es mir an, denn diese Größenordnungen konnte ich aus den Abbildungen meiner Kinderbücher nicht erahnen. Interessant waren auch die Geschichten, die ein Freund der Familie mir abends vor dem Schlafengehen erzählte. Der Mann war jahrelang als Chefsteward auf Passagierschiffen der HAPAG zwischen Hamburg und New York gefahren. Er hatte sogar mit seiner Frau ein paar Jahre in New York gewohnt. Vielleicht erwuchs ja aus diesen Geschichten mein späterer Berufswunsch. Diese Freundin von meiner Mutter taucht kurz nach dem Kriege als Köchin und Dolmetscherin der Besatzungssoldaten in meiner Vaterstadt wieder auf. Der Mann wurde als Kriegsgefangener der Russen erst 1956 als einer der Letzten wieder entlassen.

Wahrscheinlich war unsere dreiköpfige Familie froh, dass es nur nach so langer Zeit endlich wieder nach Hause ging. Nachbarn und Spielkameraden zu treffen und ihnen von den Reiseeindrücken erzählen zu können. Auf dem letzten Streckenabschnitt hielt der Zug buchstäblich an jeder Milchkanne, aber schließlich war es geschafft. Wir wohnten nicht weit vom Bahnhof entfernt. Auf dem Wege zur Wohnung hätte ich eigentlich schon einige meiner Spielkameraden, die zum Teil bereits in der ersten Klasse eingeschult waren, treffen müssen. Niemand von denen war auf der Straße zu sehen. Zu Hause angekommen, wurde zunächst das Reisegepäck verstaut. Dann nahm meine Mutter mich beiseite und erklärte mir, dass während unserer Abwesenheit der böse Feind mit Flugzeugen unsere Stadt bombardiert hatte. Dabei wurde auch die Volks- und die Realschule getroffen. Insgesamt fanden 144 Schüler*innen und Lehrkräfte den Tod, viele davon waren meine Spielkameraden*innen. Ich merkte sofort, dass meine Mutter diese Tatsache bereits früher durch Telefonate usw. gewusst haben musste, es mir aber bis zur Heimkehr verheimlichen wollte. Auch meine Freundin Minna F. zählte zu den Toten. Was genau war passiert?

Nach dem Krieg erfuhr man u.a. durch den freigegebenen „US 8th AF Tactical Mission Report", dass am 27. September 1943 die Alliierten von der Grafschaft Kent in der Nähe von Ramsgate einen Angriff auf Emden, Aurich und Esens flogen, wobei bei einigen Maschinen schon Radargeräte eingesetzt und größere Genauigkeiten erwartet werden konnten. Der Verband bestand vermutlich aus einem Gemisch von amerikanischen einmotorigen P-47 Thunderbolt Jagdflugzeugen, B-26 zweimotorigen amerikanischen Bombern und britischen Typhoon einmotorigen Jagdflugzeugen. Amerikaner flogen vorwiegend Tageinsätze, während die Briten nächtliche Angriffe bevorzugten. Über meine Vaterstadt Esens wurden kurz nach 11.00 Uhr am Vormittag aus 18 Maschinen zeitgleich 210 Bomben zu je 226 kg abgeworfen. Von sechs weiteren F-17, den bekanntesten viermotorigen schweren amerikanischen Bombern von der Boeing Airplane Company, wurden weitere 67 Sprengbomben auf sogenannte „Gelegenheitsziele" in der Umgebung abgeworfen. Große Teile der rein zivilen Innenstadt waren zerstört, 165 Tote waren zu beklagen, darunter mehr als 80 Schüler*innen der Volks- und Realschule. Hinzu kamen Lehrkräfte und 22 Landjahrmädel im Alter zwischen 15 und 16 Jahren. Die Hälfte des langen Volksschulgebäudes wurde als Krankenhaus genutzt und war auf dem Dach durch ein großes Rotes Kreuz gekennzeichnet. Schon damals wurde von Terrorangriffen der Alliierten gesprochen, wie heute in der Ukraine, in Gaza, in Syrien, im Libanon und überall in den Kriegsgebieten dieser Welt. In dem amerikanischen Bericht über die Bombardierung für Esens ist die Rede davon, dass man glaubt, gute Ergebnisse erreicht zu haben. Aber aufgrund der Bewölkung konnten keine Photos der erreichten Beschädigungen gemacht werden. Trotz Weiterentwicklung des Völkerrechts sind es hauptsächlich unschuldige Zivilisten, die unter dem Kriegsterror zu leiden und zu sterben haben. Der „Führer" Adolf Hitler lässt durch seinen NSDAP-Gauleiter Weser-Ems, dem aus Varel gebürtigen SS-Obergruppenführer Paul Wegener, einen Kranz als letzten Gruß an die Toten von Esens niederlegen. Diese Gauleiter der NSDAP, eine Art Mittelinstanz, wurden auch „Führer der Provinz" genannt. Ja, und jede Menge Kriegs-Verdienstkreuze 2. Klasse mit Schwertern werden auch noch an die Helfer aus Feuerwehr und anderen Organisationen verteilt.

Die medizinische Versorgung jener Zeit in meiner Heimatstadt war auch so ein Kapitel für sich. Irgendwann im Jahre 1944 waren auf der Straße vor unserem Hause eine Reihe von Ackerwagen mit Rüben abgestellt. Ich wollte wissen, was es damit für eine Bewandtnis hätte und flitzte durch die Lücke zweier Wagen auf die andere Straßenseite. Das heißt, ich versuchte es, wurde aber von einem vorbei fahrenden Pkw der Marke DKW mit der Haube erwischt. Beinbruch! Der Fahrer, der damals wenigen Autos, war ein Tierarzt aus einem Nachbardorf, der mich in unsere Wohnung trug. Jetzt wurde nicht etwa ein Arzt gerufen oder das Krankenhaus aufgesucht, sondern es wurde der sogenannte „Knochenbrecher" konsultiert, so etwas wie ein menschlicher Pferdeflüsterer. Der kam und ertastete den Beinbruch, legte einen Verband an und gab Verhaltensweisen. Alle paar Tage sah er nach dem Rechten. Er muss wohl das Richtige gemacht haben, denn ich weiß heute schon nicht mehr, welches Bein betroffen war. Der Tierarzt, obwohl an dem Unfall völlig schuldlos, hatte anscheinend ein schlechtes Gewissen und besuchte mich mehrmals. Einmal brachte er mir eine Burg mit unzähligen braunen Figuren in SA-Uniformen mit diversen Rangabzeichen und Hakenkreuzen ans Krankenbett. Ein anderes Spielzeug fiel den Leuten damals wohl nicht ein. SA war Hitlers Sturmabteilung, die sich u.a. bei Übergriffen auf die jüdische Bevölkerung schon lange vor der am Wannsee geplanten „Endlösung" hervorgetan hatte.

Aber ich sollte auch noch persönlich hautnah mit dem Krieg und dem Umgang der Nazis mit „unwertem Leben" in Berührung kommen. Ich wohnte mit meiner Mutter und Schwester im ersten Stock bei einem Vermieter-Ehepaar. Der Mann handelte mit Saatgut, das er mit einem Ziegengespann zu den nahe gelegenen Bauernhöfen fuhr. Wie sich mehrfach herausstellte, war er seiner Frau gegenüber sehr gewalttätig. Als diese mal wieder einen Abend lang schrie, er sie an den Haaren durch die Wohnung schleifte, rief meine Mutter die Polizei zur Hilfe. Es erschien nach einiger Zeit einer der beiden mir gut bekannten Stadtpolizisten, die Kinder nannten ihn komischerweise „Fieseler Storch", nach dem bekannten Flugzeugtyp. In seiner Begleitung befand sich ein Mann mit Schlapphut und im Ledermantel mit hochgekrempeltem Kragen. Der gewalttätige Vermieter wurde unsanft mitgenommen und tauchte nie wieder auf. Ich glaube, dass die Ehefrau auch nichts vom Verbleib ihres Mannes erfahren hat. Gerüchteweise hieß es immer, er sei nach Wehnen gebracht worden, einem Ort bei Oldenburg mit einer berüchtigten Euthanasie-Anstalt.

Bei rechtzeitiger Sirenen-Warnung versammelte sich unsere Nachbarschaft stets in einem etwas massiveren Keller eines nahe gelegenen Mühlen-Betriebes. Ich und mein etwas älterer Vetter, der als einer der wenigen Überlebenden nach Stunden des Angriffs auf Esens aus den Schulgebäudetrümmern geborgen werden konnte, feixten sich stets eines bei der Beobachtung einer älteren Nachbarin. Diese kramte während der gesamten Dauer des Alarmes immer in ihrer Handtasche herum und fand offensichtlich nie was sie suchte. Dabei mümmelte sie stundenlang mit den Lippen, als ob sie einen Kaugummi hin und her schob, den es in dieser Kriegszeit natürlich gar nicht gab, der in Deutschland wahrscheinlich nicht mal bekannt war. Vermutlich war es ihre Art der Nervositäts-Bewältigung.

1944 wurden durch die Flak rund um Esens immer mal wieder alliierte Flieger abgeschossen oder zur Notlandung gezwungen. Solche Ereignisse sprachen sich im Nu wie ein Lauffeuer herum und veranlassten die Jugend, möglichst als erste an der Absturzstelle zu sein. Ich hatte 1944 als Sechsjähriger auch die Gelegenheit, in der Dunkelheit rechtzeitig an einer Absturzstelle eines britischen Flugzeuges am Waldrand eines Nachbardorfes zur Stelle zu sein. Ich konnte mit ansehen, wie Rettungskräfte den überlebenden Piloten auf einer Bahre zu einem Krankenwagen transportierten. Neben der Bahre trabte offensichtlich ein Dorfdepp und redete andauernd auf den englischen Piloten mit den Worten ein: „Germany calling, Germany calling, hässt Du 'n Zigarett för mi?" Wenn man als englischer Pilot gerade einen Abschuss überlebt hat, ist es sicher nicht so einfach, sich mit dem ostfriesischen Platt auseinander zu setzen. Obwohl das Plattdeutsche viele Ähnlichkeiten mit dem Englischen hat (Zigarett för mi = cigarette for me). Das muss auch so sein, denn schließlich sind die Angeln und Sachsen von Nordfriesland und Dänemark aus im 5. Jahrhundert nach England übergesetzt. Man spricht von 450 bis ca. 1060 sogar von der angelsächsischen Periode.

Am 4. Mai 1945, wenige Tage vor der Kapitulation, erlebte ich den Krieg noch einmal aus erster Hand. Gegenüber von meinem Elternhaus hatte abends ein Bauer mit seinem Trecker geparkt, dabei aber vorschriftswidrig die Scheinwerfer brennen lassen, die ohnehin durch schmale Schlitzblenden schon abgedunkelt waren. Zu der Zeit hatte meine Mutter ein Zimmer an eine Krankenschwester vermietet, die auf einem Lazarettzug in Bahnhofsnähe Dienst tat. Dieser rettende Engel hatte mitbekommen, dass die Briten aufgrund des Treckerlichtes sogenannte Tannenbäume als Markierung für die nachfolgenden Kampfflugzeuge gesetzt hatten. Sie scheuchte uns in unseren kleinen Vorratskeller, zum Aufsuchen eines stabileren Luftschutzkellers in der Nachbarschaft war keine Zeit mehr. Und schon krachte es mit einem ohrenbetäubendem Lärm und einer massiven Druckwelle, bei der uns die gesamten Weckgläser mit den leckersten Inhalten um die Ohren flogen. Auch der hölzerne Kellerniedergang nebst Treppe ward zu Kleinholz. Dann Grabesstille. Nachdem alle sich vergewissert hatten, dass sie noch am Leben waren, kletterte ich als erster über die Trümmer aus dem Keller. Es gab keine Haustür mehr, ich sah sie in einem Baum hängen. Als ich dann vorsichtig aus dem Haus trat, traute ich meinen Augen nicht, das Haus gegenüber war nicht mehr, nur noch ein flacher Steinhaufen. Noch beeindruckender empfand ich das Fehlen des riesigen Lindenbaumes davor, wie vom Erdboden verschluckt. Als die Wohnung im ersten Stock inspiziert wurde, war allen klar, dass die Krankenschwester uns das Leben gerettet hatte. Die dicken Federbetten im Schlafzimmer waren zu dünnen Laken zusammen gepresst, die Fenster waren aus den Rahmen geflogen, die dem bombardierten Haus gegenüber zugewandte Hausseite war mit Splitterlöchern übersät.

Am Tage erfuhr man dann, dass die drei älteren Damen in dem zerstörten Haus den Tod gefunden hatten. Später wurden die Klinkersteine dieses ehemaligen Hauses von Trümmerfrauen bearbeitet und zum Wiederaufbau anderer Ruinen in der Stadt benutzt. Bei dieser letzten Bombe auf meine Vaterstadt soll es sich um eine sogenannte Sprengbombe gehandelt haben. Gefundene Teile davon habe ich jahrelang als Souvenirs aufbewahrt. Am 5. Mai war dann im norddeutschen Raum der Spuk des 3. Reiches zu Ende und die Kapitulation erfolgte einige Tage später am 8. Mai 1945. Zum Glück kamen die vorbereiteten Panzersperren nicht mehr zum Einsatz, die die Stadt noch weiter ins Unglück gestürzt hätten. An den vier Ausgangsstraßen des Ortes hatten die Nazis an bestimmten Stellen senkrecht Baumstämme in den Boden verbracht, längs daneben lagen lange Baumstämme, die von der Bevölkerung bei Herannahen alliierter Panzer quer vor die senkrechten Baumstämme auf die Straße gerollt werden sollten, um so deren Vordringen aufzuhalten. Welch ein Wahnsinn, jeder Panzer wäre rechts oder links von den Bollwerken durch die Vorgärten oder notfalls durch die Häuser gebrackert.

Die ersten Besatzungssoldaten waren Kanadier und Engländer. Die Offiziere hatten ein Haus in der Nähe des Feuerwehrhauses requiriert und als Offizierheim und Kommandozentrale umfunktioniert. Dies war für mich insofern ideal, als mein Unterricht wegen Beschädigung des eigentlichen Schulgebäudes zu der Zeit in dem oberen Stockwerk des Feuerwehrhauses stattfand. Noch schöner war, dass die Freundin meiner Mutter, die wir 1943 auf der Rückfahrt aus der Tschechoslowakei in Hamburg besucht hatten, wegen ihrer guten Englischkenntnisse als Köchin und Dolmetscherin in diesem Offizierheim Dienst tat. Nach Schulschluss wurde das provisorische Klassenzimmer von uns Jungs, sehr zum Leidwesen der Klassenlehrerin, immer mit einem Sprung an die Säule der Feuerwehrleute verlassen und nach unten gerauscht. Ich schlich dann regelmäßig bei der Köchin des Offizierheimes vorbei und erkundigte mich, was es mittags gegeben hatte. Das Höchste war, wenn Schokoladensuppe auf dem Speiseplan stand und ich die Reste aus dem großen Kochtopf auslöffeln durfte.

Ich erinnere mich noch gut an die Höflichkeit besonders der kanadischen Offiziere. Diese haben bei meiner Mutter mehrfach versucht, deutsche Literatur zu kaufen, klopften dabei aber schon draußen an der wieder eingesetzten Haustür an. „Mein Kampf" wurde dabei immer wieder nachgefragt, dieser war aber von meiner Mutter schon vor Kriegsende im Garten vergraben worden. Spätere Ausgrabungsversuche führten nie zum Erfolg, er muss wohl als Düngemittel hergehalten haben. Sollte sich daraus das Wiedererblühen rechtsgerichteten Gedankengutes ergeben haben, hätte meine Mutter das Pamphlet besser verbrennen sollen.

Die Wirren der unmittelbaren Nachkriegszeit waren zunächst durch das tägliche Unterfangen geprägt, die nötigsten Klamotten und Lebensmittel sowie Brennmaterial zu organisieren. Der erste Nachkriegswinter 1945/46 zeigte sich gleich von der kältesten Seite. Temperaturen von − 20° C über Wochen, teils in Wohnungen ohne Fensterscheiben, mussten überstanden werden. Der eigentliche Hungerwinter mit − 25° C, 40 Tagen Dauerfrost und vielen Toten sollte allerdings erst noch kommen. Die ostfriesischen Inseln konnten über das gefrorene Wattenmeer nur mit Lastwagen und Pferdegespannen erreicht werden. Alles in der Verwandtschaft was Nähen, Stricken oder Häkeln konnte, wurde zur Herstellung von Hosen, Kleidern, Unterwäsche und Socken herangezogen. Materialien waren Wolldecken, Gardinen, Fallschirmseide und kratzende Wolle. Die gegenseitige Unterstützung war grenzenlos. Auch wenn die Lage durch die fast täglich ankommenden Eisenbahnzüge mit Flüchtlingen aus dem Osten noch verschlimmert wurde. Diese wurden, nicht gerade zur Freude der Einheimischen, in den durch Zerstörung eingeschränkten Wohnraum zwangsweise einquartiert. Im evangelischen Esens waren es überwiegend katholische Schlesier.

Bei unserer Vermieterin wurde ebenfalls ein Raum für Flüchtlinge abgezweigt. Es zog ein Ehepaar mit einem Sohn, südlich von Breslau kommend, ein. Der Sohn war so alt wie ich, wir freundeten uns an und sein Vater brachte uns beiden das Skatspielen bei, in einem Raum, in dem die drei schlafen, kochen und „hausen" mussten. Ganz häufig kam es vor, dass die Mutter, während wir vielleicht gerade auf einen Grand mit Vieren reizten, den Rosenkranz hervorkramte. Vater und Sohn legten dann die Karten auf den Tisch, ich saß stumm daneben, die drei beteten, und dann ging das Spiel weiter. Als das erste Nachkriegs-Weihnachten nahte, führten wir in der Einraumwohnung auch noch Laubsägearbeiten für ein Krippenspiel durch. Als Flüchtlinge bekamen die Leute aus dem Wald ausgegrabene Baumstümpfe zugewiesen. Der Vater meines neuen Freundes war in Schlesien Waldarbeiter gewesen. Er kannte sich mit dem Spalten von Wurzelholz aus. So zeigte er uns Jungs, wie man intelligent Keile setzt und mit wenig Kraftaufwand riesige Wurzelgebilde in bearbeitbare Einzelteile zerlegen kann.

Dieses Weihnachten war insofern interessant, als noch viele deutsche Ex-Soldaten in der Stadt waren, die offensichtlich bisher nicht in ihre jeweiligen Heimatorte zurück konnten. Durch die oben erwähnte Krankenschwester und einem dazugehörigen Stabsarzt, besuchten uns Ex-Soldaten aus diversen Fachrichtungen, die alle etwas „besorgen" konnten. So bastelte, besser gesagt, zimmerte einer einen groben Kinderwagen aus Nut- und Federholz für meine Schwester zum Weihnachtsfest, der blau angestrichen war. Woher Holz und Farbe stammten? Wer wollte das denn so genau wissen? Ich bekam einen Kurbelapparat, der wohl im Kriege als Feldtelefon gedient hatte, jetzt aber mit Kabeln an einen mindestens hundert Meter weit leuchtenden Scheinwerfer und einer ohrenbetäubenden Sirene angeschlossen werden konnte. Hiermit begrüßte ich nach Weihnachten aus dem Schlafzimmerfenster heraus immer die mit dem Zug ankommenden Reisenden auf der Straße. Alles kam natürlich vom Weihnachtsmann, an den ich schon lange nicht mehr glaubte. Mindestens so faszinierend wie meine Technik fand ich allerdings die Apfelsine auf dem bunten Weihnachtsteller. Die erste, die ich in meinem Leben meiner Erinnerung nach zu Gesicht bekommen und mit Ehrfurcht gegessen habe.

Etwas, was ich bis heute nicht ganz verstanden habe, war folgende unangenehme Begegnung. Eines Tages erschien ein widerlicher Typ bei meiner Mutter, dessen Legitimation mir nie klar wurde, jedenfalls gab er sich berechtigt dafür aus, gewisse Sachen meines gefallenen Vaters, Offizier und Infanterie-Angehöriger, konfiszieren zu müssen. Im Schlafzimmer kramte er im Kleiderschrank herum und legte einige Anzüge und Oberhemden sowie die Reitstiefel meines Vaters über seinen Arm. Unten beschlagnahmte er das Fahrrad meines Vaters, das meine Mutter für mich als Weihnachtsgeschenk vorgesehen hatte. In wessen Auftrag solche Leute tätig wurden, ausgerechnet bei ohnehin gebeutelten Kriegerwitwen, entzieht sich bis heute meiner Kenntnis, Kriegsgewinnler oder Rachegeister halt.

Brennmaterial war ein großes Thema. Uns wurde bekannt, dass auf dem Abstellgleis, auf dem vor einem Jahr noch der Lazarettzug gestanden hatte, einige Waggons mit Briketts stehen würden. Meine Mutter und ich sind dann in der Dämmerung mit zwei Säcken und meinem Leiterwagen zu dieser Quelle gepilgert. Als wir die Schiebetür eines Waggons öffnen wollten, stand dort oben schon ein Nachbar mit einer Schaufel und rief uns zu, wir sollten die Säcke offen halten. Er galt in der Nachbarschaft als Tunichtgut und war verschiedentlich schon mit der Polizei in Berührung gekommen. Die Angelegenheit war uns peinlich, aber die Not war groß und die Möglichkeit, auch noch unentgeltlich, an Brennmaterial zu kommen, ergab sich vielleicht nie wieder. Also Säcke auf und ab damit. Briketts waren zu der Zeit eine Rarität und sie hatten den Vorteil, wenn man sie abends stramm in Zeitungspapier einwickelte und als letztes in den Wohnzimmerofen legte, sie noch Glut in den nächsten Morgen retteten. Mit der Restwärme konnte ich dann meine grob gestrickte wollene, kratzende Unterwäsche anwärmen, die ich ohne diese Prozedur nicht auf meine Haut lassen wollte.

Die Versorgung mit Lebensmitteln war in der unmittelbaren Nachkriegszeit für viele Menschen ein lebensbedrohendes Thema. In unserer ländlichen und bäuerlichen Gegend natürlich nicht so akut, wie in den deutschen ausgebombten Großstädten. Erleichternd kam hinzu, dass hier viele Haushalte über Gärten verfügten, die eine weitgehende Eigenversorgung ermöglichten. Trotzdem wurde bei uns entschieden, dass wir in unserem Anbau mit zwei Schweineställen nun auch Schweine halten sollten. Einmal zur eigenen Versorgung und zweitens zur Aufbesserung der Witwenrente. Es wurden nun einige Jahre jeweils drei Ferkel angeschafft mit dem Ziel, bei entsprechendem Gewicht eines zu schlachten und zwei zu verkaufen. Da ich mit 8 Jahren alt genug war, musste ich für die Fütterung und Ausmistung sorgen. Einiges konnte ich von der nahe gelegenen Mühle unseres Onkels besorgen, Grünzeug musste ich täglich in der Umgebung zupfen oder mit der Handsichel mähen. Molke konnte ich mit der Kanne von der Molkerei holen. Wenn ich den Stall ausmisten musste, scheuchte ich die drei größer werdenden Tiere in den zweiten Stall. Den Mist verbrachte ich mit einer Mistkarre auf unsere Gartenäcker, die ich mit 8 und 9 Jahren auch umgraben musste. Irgendwann waren meine schweinischen Freunde groß genug, dass zwei verkauft werden konnten und das dritte schlachtreif war. Hierzu wurde ein sogenannter Hausschlachter bestellt, der das Schwein tötete, an einer Leiter aufgebunden ausbluten ließ und es schließlich fachgerecht in verarbeitbare Teile zerlegte. Zum Wurst- und Einmachen musste meine Großmutter anreisen, die sich mit solchen Tätigkeiten besser auskannte.

Ich erinnere mich an einen Schlachttag, bei dem ich von der Schule kam und hinter dem Hause den Hausschlachter in heller Aufregung vorfand. Ihm war beim Borstenabschaben das Schwein aus dem Heißwassertrog gesprungen und galoppierte jetzt auf der frisch umgegrabenen Äckern herum. Wir beide konnten das Tier wieder einfangen und der Hausschlachter verpasste dem armen Schwein mit meiner Hilfe einen zweiten Schock mit dem Bolzenschuss-Gerät. Sein erster einhändiger Versuch hatte das Tier wahrscheinlich nur betäubt, es war im Trog wieder zu sich gekommen und ihm entwischt. Von so einem Schwein mit all den geräucherten Schinken, Würsten und eingemachten Sülzen und Koteletts konnten wir eine lange Zeit wirklich gut leben. Kaffee blieb dagegen noch längere Zeit rar, hier wurde mit gebrannter und gemahlener Gerste etwas vorgetäuscht, für Kinder geeignetes Koffein, freier Muckefuck eben.

Heute versuchen unsere Lieferkettengesetze mehr oder weniger erfolgreich Kinderarbeit im Ausland zu unterbinden. In der Nachkriegszeit konnte auf so etwas bei uns keine Rücksicht genommen werden. Es war völlig in Ordnung, dass ich als acht- oder neunjähriger unseren Garten mit mehreren langen Äckern umgraben musste. Die Bepflanzung war dann Aufgabe meiner Mutter. Die Ernte, besonders bei den Erdbeeren, hielt ich dann wieder mehr für meine Aufgabe.

Die Schulzeit der ersten Jahre in der Volksschule war durch dauernden Gebäudewechsel gekennzeichnet. Mal waren wir in Räumen der Berufsschule, dann in der Landwirtschaftsschule, in dem schon erwähnten Feuerwehrhaus oder im Kinosaal über einer Gastwirtschaft untergebracht. Am wenigsten noch im Gebäude der eigentlichen Volksschule. Hier residierte auch der Rektor, bei dem es bei Fehlverhalten mit dem Stock etwas auf die Hände gab, die dann mit geriebener Zwiebel zu wahrlichen Untaten aufgebauscht wurden. Meine damalige Klassenlehrerin in der dritten Klasse, ein unverheiratetes Fräulein V., war der Meinung, dass ich mit drei weiteren Mitschülern die vierte Klasse überspringen und in die fünfte der Realschule wechseln sollte. Dies erfolgte auch reibungslos mit dem Ergebnis, dass ich zukünftig bei vielen Gelegenheiten immer der Jüngste war.

Es kam dann für mich die Zeit, in der man sich zum Beispiel Kaninchen hielt. Die eigentlich zum Verzehr gedachten Tiere wuchsen mir aber so ans Herz, dass eine Schlachtung nicht in Frage kam. Also mussten diese Stallhasen mühsam verkauft oder verschenkt werden. Mit ihrem ungehemmten Sexualverhalten vermehrten sie sich auch noch wie die Karnickel.

Mit Tauben wurde ein weiteres Hobby bzw. Geschäftsfeld versucht. Zunächst baute ich oben im Giebel auf dem Boden einen Taubenschlag mit einem Taubenpärchen. Es ließ sich nicht vermeiden, dass mir jetzt jede Menge weiterer Tauben zuflogen. Ich brachte es nicht übers Herz meine eigenen Tauben zu rupfen und gebraten zu verzehren. Es machte mir aber nichts aus, mit einem geliehenen Luftgewehr fremde Tauben vom Einflugbrett abzuschießen und zu verspeisen.

Nach dem Tod unserer Vermieterin zog ein Zollbeamter mit seiner Frau bei uns unten ein. Er entpuppte sich als Taubenfreund und -kenner. In kürzester Zeit hatte er mir einen riesigen Taubenschlag besorgt, den wir mit Nachbarhilfe auf vier Säulen stemmten und absetzten. Jetzt wurden schöne Tauben-Exemplare paarweise angeschafft: weiße Pfautauben, pechschwarze Wiener Tümmler, deren großer Täuber sich aufplusterte und das Sagen hatte. Doch oh Schreck: auch hier flogen mir wieder jede Menge fremde Tauben zu, Ringeltauben, Stadttauben und undefinierbare Arten. Das Schlimme war auch deren frivoles Sexualleben. Im Nu waren meine schneeweißen Pfautauben und die tiefschwarzen Tümmler mit einer kunterbunten und gescheckten Folgegeneration gesegnet. Aber ähnliche Dramen spielten sich nach dem Kriege schließlich auch in der Bevölkerung ab. Bei der Geburt so manchen Kindes war das Erstaunen riesengroß, wenn plötzlich die Hautfarbe eines alliierten Besatzungssoldaten dominierte.

Auch dieses Jugendhobby wurde schnell aufgegeben. Der Zollbeamte hatte für mich aber noch einen weiteren Vorteil. Er fuhr dienstlich eine 500er BMW mit Beiwagen und kontrollierte damit in Zivil die Schnapsfabriken im Weser-Ems-Gebiet. Ich durfte abends die Maschine im ersten Gang von der Straße, wo er sie für mich absichtlich parkte, zum Gerätehaus im rückwärtigen Garten fahren. Wenn es so hinkam, fuhr er mich morgens im Beiwagen auch bis zum Eingang der Realschule, wo ich unter den neidischen Augen meiner Mitschüler genüsslich aus dem Beiwagen der dumpf röhrenden Maschine mit dem Boxermotor kletterte. Beamtenstatus hin oder her, bei der Schnapsfirmenkontrolle erhielt der Zöllner manchmal auch kleine Präsente, die er uns hin und wieder weiterreichte. So zum Beispiel mal eine Flasche Eierlikör mit einem Karton kleiner Schokoladen-Trinkbecher für meine Mutter. In der Zeit für uns eine nicht gekannte Rarität.

2.

Was sind eigentlich die Ereignisse, die meiner Erinnerung nach nachhaltig in meinem Gedächtnis als prägend für den Blick auf das vermeintlich schwache Geschlecht, die Politik, die Berufswahl und die Weltlage schlechthin geblieben sind?

Klar, da waren die Schulausflüge, besonders die an die Nordseeküste und auf die nächstgelegenen ostfriesischen Inseln, denn dort wurde gebadet. Die Mitschülerinnen gingen mit ihren schlichten Nachkriegsbadeanzügen ins Wasser und ihre körperlichen Konturen bildeten sich in den nassen Klamotten wunderbar sichtbar ab. Hatte man sie vorher schon nach ihrem Aussehen, ihrer Figur und ihren unterschiedlich ausgeprägten Busen klassifiziert, sah man jetzt sehr viel deutlicher, was in der Fantasie alles auf einen wartete, wenn man es zu einer Eroberung schaffen würde, wovon man in dem Alter und dann noch in der gleichen Jahrgangsklasse meilenweit entfernt war.

Da hier in meinem Schulleben der Englisch-Unterricht begann, füge ich noch eine erwähnenswerte Geschichte dazu bei. Meine Mutter unterhielt auf dem Lyzeum in den 1920er Jahren eine Brieffreundschaft mit einer gleichaltrigen Amerikanerin deutscher Abstammung aus Kalifornien. Während des 2. Weltkrieges brach dieser Briefkontakt aus verständlichen Gründen ab. Nach 1945 machte meine Mutter den Versuch, diesen Kontakt wieder herzustellen. Es glückte auf Anhieb. Die junge Dame war inzwischen auch verheiratet, hatte einen Mann, Ingenieur beim kalifornischen Straßenbauamt, beide hatten zwei Kinder. Nach dem ersten Briefwechsel kam bei uns ein Paket aus Kalifornien an, keines der damals üblichen Care-Pakete, sondern ein individuell liebevoll gepacktes mit einem Inhalt wie aus dem Schlaraffenland. Für mich eine mit Fransen versehene Lederjacke (wie aus einem Karl May Film), Kleider, Corned Beef in Dosen, eine Jeans (Levy), ein

View-Master mit Wildwest-Bildern, Ledergürtel, Ananas in Dosen etc. etc. Der Briefwechsel lebte zu einer großen Regelmäßigkeit wieder auf. Die Familie wohnte bei San Francisco und hatte ein Sommerhaus am Lake Tahoe. Ich klinkte mich mit meinen frischen Englischkenntnissen in diesen Briefwechsel ein und komme später noch einmal auf eine Begegnung mit dieser freundlichen Familie zurück.

Zurück im Klassenzimmer erlebten wir u.a. eine Lehrerin, die die Fächer Werkunterricht und Zeichnen unterrichtete. Obwohl verheiratet und Mutter zweier Töchter, trat sie vollbusig mit immer aufreizend tiefem Dekolleté auf. Ich erinnere mich an das Flüstern eines Mitschülers an einem Vierer-Tisch, als sie sich einmal tief über ihn beugte und seine Zeichnung kommentieren wollte: „Ich komme mir vor, als wäre ich hier im Himalaya". Aber zack, hatte sie ihm eine gewaschene Ohrfeige verpasst, die genug Warnung für uns pubertierende Jünglinge, und damals wohl auch zulässig war.

Erst im Nachhinein fiel mir auf, dass der Geschichtsunterricht bei uns für die Zeit nach 1933 abbrach. Nichts über den Nationalsozialismus, den zweiten Weltkrieg oder den millionenfachen Judenmord. Lag es daran, dass die Lehrer alle oder überwiegend Sympathisanten der NS-Zeit waren? Immerhin waren unser Rektor Major und ein weiterer Lehrer des Kollegiums Hauptmann in der Wehrmacht gewesen. Und jeder wusste, dass in unserer Stadt die dort ansässigen Juden während der Nazi-Zeit alle auf seltsame Weise verschwanden und die Synagoge zerstört wurde. Selbst als im Mai 1948 David Ben-Gurion den jüdischen Staat Israel in Palästina ausrief, fand dies keine Erwähnung im Geschichtsunterricht. Auch als dann am 23. Mai 1949 die Unterzeichnung unseres Grundgesetzes und damit die Gründung der Bundesrepublik Deutschland erfolgte, fand dies keinen nachhaltigen Niederschlag in unserem Unterricht. Passte Teilen des überwiegend männlichen Lehrerkollegiums die neue Richtung nicht?

Ich besuchte zu der Zeit häufig die Wahlveranstaltungen der Nachkriegsparteien. Auch hier wurde die noch frische deutsche Schuld an der Weltkriegskatastrophe sorgfältig ausgeklammert, die Auseinandersetzung über die systematische Ausrottung des Judentums peinlich vermieden. Revanchistische Parteien wie die SRP (Sozialistische Reichspartei) mit damals etwa 10.000 Mitgliedern (zum Vergleich: die AfD Alternative für Deutschland, hat zur Zeit etwa 35.000 Mitglieder) rechtfertigten sogar immer noch das deutsche Vorgehen in der jüngsten Vergangenheit. Sie hatte in ihrem Programm Ziele wie die Wiederherstellung des Großdeutschen Reiches mit dem „Führerprinzip" oder das Bekenntnis zu einem völkischen nationalen Sozialismus. Klare Widersprüche zu unserer gerade aus der Taufe gehobenen freiheitlichen demokratischen Grundordnung und damit ein Fall für das Bundesverfassungsgericht. Ihr Hauptredner zu der Zeit war ihr Mitbegründer Otto Ernst Remer, ehemaliger Generalmajor der Wehrmacht und Ritterkreuzträger. Er hatte in unserer Gegend bei seinen Auftritten enormen Zulauf. Seine Partei erreichte bei der niedersächsischen Landtagswahl 1951 elf Prozent. In dieser jungen Republik wurde er von den Alliierten Anfang der 50er Jahre kritisch beäugt. Für seine beleidigenden Äußerungen wurde er sogar zu drei Monaten Gefängnis verurteilt. Von all dem erfuhren wir in unserem Geschichtsunterricht nicht eine Silbe. Auch wenn man die SRP nicht 1 : 1 mit der heutigen AfD vergleichen kann, so liegt aber der Schluss nahe, dass seit seiner Zeit die rechtsextreme Gesinnung in unserer Bevölkerung zu einem gewissen Prozentsatz virulent immer geblieben ist.

Streiche wurden unseren Lehrern natürlich auch gespielt, auch wenn sie uns über die Zeit des Nationalsozialismus nichts erzählen

mochten. Ich hatte in einer Geschichtsstunde sogenannte Knallfrö-
sche in den Schuhen, die beim Auftreten oder auf Fußdruck kurze
Knaller von sich gaben. Als meinem Geschichtslehrer „Schnucki",
das war sein Spitzname, die Sache zu bunt wurde, verwies er mich
vor die Tür auf den Gang. Mein Pech war, dass am Ende des Gan-
ges das Rektorzimmer lag. Der (ein ehemaliger Major der Wehrmacht) kam natürlich prompt aus seinem Zimmer und fragte mich,
wieso ich hier 'rumstehe. Ich gestand wahrheitsgemäß den Grund
und er vergewisserte sich bei „Schnucki" über den Vorfall. Ergebnis: „Du verschwindest jetzt nach Hause und bist von der Realschule entlassen". Insgeheim frohlockte ich, konnte ich doch auf
die Tour früher zur See fahren. Ich hatte allerdings die Rechnung
ohne den Wirt, in diesem Fall ohne meine Mutter, gemacht. Die
zog mit mir sofort zurück zur Schule und ins Rektorzimmer. Ihre
Argumente sind mir nicht mehr im Gedächtnis, jedenfalls war ich
am nächsten Tag wieder Schüler dieser Realschule.

Ein aus meiner Sicht gravierenderes Vorkommnis passierte im
Musikunterricht. Dieser fand in der Aula im ersten Stock unseres
Neubaus statt. Ich hatte zu der Zeit eine schmerzhafte Verletzung
am linken Arm, der vom Ellenbogen bis zur Hand in einen Verband gehüllt war. Der Musiklehrer kam aus einem mir unbekannten Grund von hinten auf mich zu und schlug mir auf den schmer-
zenden Arm. Wohl aus einem Reflex heraus stand ich auf und verpasste ihm einen Kinnhaken. Totenstille. Alle warteten gespannt
auf eine weitere Reaktion, aber es passierte nichts. Auch später
nicht, kein erneuter Schulverweis, nichts. Ich nehme an, dass die
Sache zu eindeutig zu Lasten des Musiklehrers ausgegangen wäre.
Meine Mutter hat mir später während der Seefahrt häufig Zei-
tungsausschnitte mit Artikeln geschickt, die mich irgendwie inte-
ressieren könnten. Einer war darunter, in dem mitgeteilt wurde,
dass dieser Musiklehrer aus dem Schuldienst entlassen worden sei,

weil er sich unsittlich gegenüber seinen Klavierschülerinnen verhalten habe.

Damals begann dann für uns auch die Zeit der Tanzstunden. Ich
hatte in dem ersten Kurs eine Tanzpartnerin aus meiner Klasse, in
die ich heillos verliebt war, ihr das aber in keiner Weise zu zeigen
wagte. Wie so oft bei ähnlich alten Mitschülerinnen, richtete sich
auch ihr wirkliches Augenmerk auf etwas ältere Jahrgänge und
Mitbewerber.

Beim Nachfolge-Tanzkurs hatte ich dann eine jahrgangsmäßig
jüngere Freundin und Partnerin, mit der schon etwas heftiger ge-
flirtet wurde. Da sie mit dem Fahrrad etwa vier Kilometer zu ihrem elterlichen Hof fahren musste, und ich sie immer begleitete,
arteten diese Heimfahrten zu wahren Kussorgien aus und dauerten
ewig. Ich habe noch heute den angenehm milchigen Geruch ihrer
samtenen Haut in Erinnerung. Dieser Tanzkurs fand im ersten
Stock einer Gastwirtschaft statt. Die jungen Damen und Herren
saßen sich in langer Reihe getrennt gegenüber. Das Tanzlehrer-
Ehepaar legte die Musik auf und dann begann der Sturm auf die
attraktivsten Mädchen. Wer nicht schnell genug war, musste sich
eventuell mit einer Dame begnügen, die nicht immer seiner Vorstellung einer idealen Tanzpartnerin entsprach. Umgekehrt galt das
bei Damenwahl natürlich auch für die Weiblichkeit. Mir jedenfalls
passierte das Malheur, dass ich wegen einer zu geringen Startge-
schwindigkeit eine etwas korpulente junge Dame vom Lande erwischte. Es war ein langsamer Walzer, bei dem ich entdeckte, dass
sie eine große Warze auf der rechten Hand über dem Daumen trug,
die in meiner Linken für ewig lange drei Minuten lag. Plötzlich
johlte der ganze Tanzkurs. Meiner Partnerin war der linke Strumpf
bis auf den Knöchel abgerutscht. Sie entschuldigte sich und verschwand aus dem Tanzsaal zu den Wirtsleuten einen Stock tiefer.
Der langsame Walzer lief noch, als sie mit hochrotem Kopf wieder

erschien und wir den Tanz fortsetzen konnten. Doch nach wenigen Sekunden ertönte wieder das unangenehme Gelächter der übrigen Paare. Meiner Partnerin war erneut der linke Strumpf auf den Knöchel gerutscht, diesmal allerdings deutlich sichtbar zusammen mit einem offensichtlich ausgeleierten Weckglas-Gummiring. Ich wäre am liebsten im Parkettfußboden versunken und meine Partnerin verschwand für den Rest des Abends. Die Notfall-Gummilösung der Wirtsleute hielt in dieser einfallsreichen Nachkriegszeit leider nicht den Belastungen eines bäuerlichen weiblichen Oberschenkels, kombiniert mit einer Tanzveranstaltung, stand.

Ein mir später von meiner Mutter nachgeschickter Zeitungsartikel handelte davon, dass die Ehefrau unseres Tanzlehrerpaares unter Mordverdacht an ihrem Mann geraten war und dessen Leichnam nun exhumiert worden sei.

Nach Beendigung meiner Schulzeit wollte ich zur See fahren, die Welt kennenlernen und Kapitän werden. Auf diese Berufswahl hat mich wahrscheinlich das viele Segeln vor der ostfriesischen Küste gebracht, was meine Lieblings-Freizeitbeschäftigung wurde. Oft genug musste montags die Schule geschwänzt werden, weil der Wind für die Heimreise von Norderney aus der falschen Richtung blies. Einen Motor besaßen nur die wenigsten Boote ein paar Jahre nach Kriegsende. Die davor gehegten Berufswünsche nach Förster oder Architekt wurden ad acta gelegt.

1953 wollten wir nach einer entsprechenden Einladung durch den niederländischen Segelclub Delfzijl an der dortigen Pfingst-Regatta auf der Ems teilnehmen. Dies war so kurz nach dem Kriege noch ziemlich heikel, aber wir segelten zu viert nach Delfzijl und nahmen teil. Anschließend wollten wir nach Appingedam und dort ein Motorenwerk besichtigen, in dem der berüchtigte Appingedamer-Brons-Motor hergestellt wurde, einem zu der Zeit meist Einzylindermotor nach einem dieselähnlichen Prinzip. Bei den

Niederländern liebevoll „bakjes-knapper" genannt. Hiermit waren einige unserer Boote, aber vor allem viele Fischkutter an der Küste ausgerüstet. Von diesem Besuch rieten uns die Delfzijler Segelkameraden jedoch vehement ab, da dort 1945 durch die sich zurückziehende deutsche Wehrmacht Greueltaten begangen wurden, die es für deutsche Besucher in dem Ort sehr schwer machten, ohne Blessuren davon zu kommen.

3.

Der Einstieg in diesen Beruf, den mir der Großvater väterlicherseits vergeblich versuchte auszureden, begann mit dem Besuch einer dreimonatigen Ausbildung auf einer Schiffsjungenschule. Diese fing am ersten April 1954 auf dem Priwall in Travemünde an. Bevor ich aber mit einem gepackten Seesack dieser neuen Zukunft entgegen fahren konnte, musste ich mich von meiner Freundin und Tanzstundenpartnerin verabschieden. Ich fuhr mit dem Fahrrad die vier Kilometer zu ihrem Elternhaus und wir spazierten zum nahe gelegenen Deich. Ihr weiter Wollmantel diente uns als Liegeunterlage. Es wurde wieder eine lange Kusszeremonie und ich spürte, dass diesmal alles möglich war. Aber es gingen mir seltsamerweise Gedanken über meine nahe Zukunft durch den Kopf, lange Abwesenheiten, Freundschaft auf Distanz, nur brieflicher Kontakt. So eine Beziehung wird in dem Alter nicht lange halten, dachte ich. Ist es fair, dafür jetzt mit einem Mädchen sein Vergnügen durchzusetzen, das man danach vielleicht nicht wiedersieht? Es ist jedenfalls nichts passiert und ich war richtig froh, meinem Verlangen widerstanden zu haben. Damals war die Vorstellung, jungfräulich in die Ehe zu gehen noch, weit verbreitet. Ob es für meine damalige Freundin so gekommen ist, entzieht sich meiner Kenntnis. Ich war jedenfalls glücklich, dass ich sie habe so ziehen lassen.

Der Abschied von meiner Mutter war ganz gefasst, dieser Tag war ja lange bekannt und vorbereitet. In genauer Erinnerung ist mir aber ihre Mahnung: „Halte Dich bitte von gewissen Frauen fern, Du weißt schon, was ich meine". Natürlich wusste ich das, aber was hilft so ein Ratschlag? Vordem waren schon die Verabschiedungen bei beiden Großelternpaaren erfolgt. Der Opa väterlicherseits drückte seine Zweifel darüber aus, ob mein Berufswunsch wirklich das Richtige für mich sei. Der andere, ein leidenschaftlicher Pferdezüchter, war enttäuscht, dass ich nicht irgend etwas mit Pferden machen wollte.

In Travemünde auf dem Priwall begann eine dreimonatige seemännische Ausbildung mit dem Ziel, danach auf einem der beiden Viermastbarken „Passat" oder „Pamir" anzuheuern. Der Schulleiter war ein ehemaliger Segelschiffskapitän und Kap Hornier. Er führte ein strenges Regiment und glaubte, so die idealen Voraussetzungen für seine neunzig Mann starken Lehrgänge zu schaffen, damit diese nahtlos auf den beiden Großseglern seemännisch weiter geformt werden könnten, um später den nautischen Nachwuchs

Über 90 Mann in Ölzeug angetreten zum Appell. Rechts die angehenden Kochsmaaten.

33

für die deutsche Handelsschifffahrt zu bilden. Die „Passat" lag zu der Zeit in Travemünde, so dass wir dort fast täglich in der Takelage herum kletterten und uns mit den 50 Meter hohen Rahen vertraut machen konnten. Die Indienststellung der „Passat" und „Pamir" als Segelschulschiffe verzögerte sich jedoch erheblich, so dass nach Beendigung des Lehrgangs alle Teilnehmer darauf angewiesen waren, sich selbst ein Schiff oder eine Reederei zu suchen. Ein Besuch des damaligen ersten Bundespräsidenten Theodor Heuss in Travemünde und Lübeck wurde von uns in den Rahen der „Passat" durch Flaggensignale und drei Hurras begleitet.

Auf der Fockmars des SSS "Passat".

Unmittelbar hinter dem Schulgelände begann die Zonengrenze zur DDR. Wir versuchten mehrfach mit den dort Dienst tuenden VoPos ins Gespräch zu kommen, vergeblich. Wahrscheinlich waren diese Grenzer ausgesucht „linientreu". Da die Schule mehrere besegelte Kutter für die Boots- und Segelausbildung besaß, kam es hin und wieder vor, dass Boote abtrieben und es nicht schafften das Auflaufen auf DDR-Gebiet zu vermeiden. Die Verhandlungen über die Bootsrückgabe dauerte stets ätzende Tage. Zur Vermeidung derartiger Vorfälle wurde ein Motorboot angeschafft, das das rechtzeitige Abschleppen abgedrifteter Segelboote möglich machte.

Die Ausbilder der Schiffsjungenschule waren überwiegend ehemalige Handelsschiffsoffiziere und Bootsmänner von Großseglern. Während meiner Zeit wurde nun ein ehemaliger Kriegsmarineoffizier eingestellt, der bis zur Aufstellung einer neuen Bundesmarine noch einige Jahre überbrücken musste. Auf einem Trümmergrundstück hatte die Schule ein Fußballfeld einrichten lassen, auf dem auch Schafe grasten. Nachts gingen wir auf dem Schulgelände immer zu dritt Wache. Als nun der „Neue" seine Frau zu Besuch hatte, und er mit ihr nach Lübeck ins Theater fuhr, wollten wir ihm einen Streich spielen. Wir schnappten uns abends im Dunkeln eines der großen Lämmer vom Fußballfeld und setzten es bei unserem nicht sonderlich beliebten neuen Ausbilder auf seine Kammer im ersten Stock. Als dieser mit seiner Frau um Mitternacht auf seine Kammer kam, lag das Schaf schlafend auf seiner Koje und der Fußboden war übersät von kleinen Schafsköteln. Sofort wurde der 90-köpfige Lehrgang heraus gepfiffen und es wurden, ohne zu fragen, im Schlafanzug erstmal fünf Runden um den Block gedreht. Danach wurde in Reihe angetreten und es wurden die Täter ermittelt. Wir meldeten uns mehr oder weniger freiwillig, an die Strafe für unser Fehlverhalten kann ich mich aber wirklich nicht mehr erinnern.

Ähnliche Repressalien hagelte es regelmäßig, wenn wieder einmal die Älteren unter uns nachts beim Abseilen aus den Fenstern, um sich mit den in der Nähe befindlichen Damen eines Schwesternheimes zu treffen, erwischt wurden. Immer wurden ungefragt Runden im Pyjama gedreht, bevor dann die eigentlichen Verursacher ermittelt wurden.

Gegen Ende des Lehrganges erhielten wir alle vom Seemannsamt Lübeck ein Seefahrtbuch ausgehändigt. Hierin wurden zukünftig alle Schiffe und Zeiten eingetragen, auf denen man wie lange Dienst tat. Am Ende des Buches war die Seemannsordnung von 1903, zuletzt geändert 1930, abgedruckt, die immer noch gültig war. Bei Durchsicht konnte einem angst und bange werden, was es damals noch für Strafen für Fehlverhalten der Seeleute gab. Dem Kapitän (master next god) waren unzählige Sanktionsmöglichkeiten an die Hand gegeben. Er konnte den Schiffsmann (Frauen gab es zu der Zeit an Bord noch nicht) jederzeit wegen eines Dienstvergehens, Ungehorsams oder Trunkenheit, wegen Hehlerei oder Urkundenfälschung, wegen einer Geschlechtskrankheit oder Meuterei, entlassen. Ihn sogar gegen Bezahlung der Passage zu einem Ausschiffungshafen mitnehmen.

Ich fuhr also mit meinem Seefahrtbuch nach Hamburg und erhielt über die Heuerstelle in Altona auf einem Küstenmotorschiff eine Stelle als Schiffsjunge zugewiesen, welches sich in der Werft in Neuenfelde, gegenüber von Blankenese dicht bei Finkenwerder, befand. M/S „Heini" entpuppte sich als Zwei-Luken-Schiff mit Besegelung, immerhin, ein „Klütenewer" mit Zusatzantrieb und jetzt mit mir als „Moses" mit einer Besatzung von fünf Mann: Kapitän und Eigner, Bestmann (Steuermann), Leichtmatrose, Jungmann und Schiffsjunge. Ich muss zugeben, den Einstieg ins seemännische Berufsleben hatte ich mir etwas komfortabler vorgestellt. Insbesondere in dem Augenblick, als mir unsere Unterkunft vorgestellt wurde. Wir schliefen zu dritt unter der Back in drei Kojen, die vierte Koje wurde als Segelkoje benutzt und war vollgestapelt mit Fock und zwei Großsegeln. Gewaschen wurde sich an Deck mit einer Pütz Wasser. Jeder hatte ein winziges Spind, und eine Backskiste enthielt Koks und Briketts für den gusseisernen Ofen. Die erste Reise ging von Harburg mit Salz nach Südnorwegen. Hier sollten wir das Salz direkt in norwegische Fisch-Trawler löschen.

* * *

Kapitän Tjardts hat seine Insider-Ansichten in seiner Schrift: „Geschichten um Seefahrt – Reedereien – Navigation", Norderstedt : BoD, 2024 lesenswert auf seinen gesamten Lebenslauf ausgedehnt. Wer also an einem spannend geschriebenen Erinnerungsbuch über weltweite Seefahrt und später den Dienst im Marineamt Wilhelmshaven interessiert ist, dem sei seine Schrift sehr empfohlen.

Über den Autor

Jan Peter Tjardts wurde am 3. April 1938 in Esens (Ostfriesland) geboren. Nach dem Besuch der dortigen Mittelschule absolvierte er 1954 die Schiffsjungenschule in Travemünde. Danach begann er seine Zeit „vor dem Mast" und fuhr zur See mit dem Berufsziel Kapitän auf Großer Fahrt zu werden. 1964 erhielt er das Patent A 6 und wurde zum „Wirtschaftsingenieur für Seeverkehr" graduiert. Nach weltweiter Fahrt begann T. 1966 im Marineamt Wilhelmshaven eine Landstellung bei der Bundesmarine. Er wurde Dezernatsleiter für den Bereich Navigation. Nach diversen Zusatzausbildungen gehörte die Entwicklung neuer Navigationsgeräte und -systeme zu seinem Aufgabengebiet. Außerdem wurde er der Marinevertreter in mehreren NATO-Navigationsgruppen. Als die US-Entwicklung des Satellitensystems NAVSTAR GPS begann, erhielt er die ständige Vertretung der Marine in deren Entwicklungsgremien. T. absolvierte mehrere Wehrübungen als Reserveoffizier der Marine. Von 1993 bis 1999 wurde er zum 1. Vorsitzenden des Nautischen Vereins Wilhelmshaven e.V. gewählt. In diese Zeit fiel auch seine Tätigkeit als Beisitzer beim Seeamt Emden. Seine Hobbys sind das Segeln, das Golfspiel und die Geschichte der Navigation. Darüber hat er zahlreiche Artikel veröffentlicht und Beiträge in Rundfunk und Fernsehen geliefert.

Bochum Januar 1945

Leben in unruhigen Zeiten

Von Rudolf Schlüter

Bochum 1938 - 1941

Ich wurde am 22.6.1938 in Bochum als Ältester der Eheleute Josef und Christel Schlüter geboren. Rückblickend betrachtet kam ich mit dem berühmten Silberlöffel im Mund zur Welt. Für den einen Großvater war ich der erste Namensträger, für die anderen Großeltern war ich der erste Enkel überhaupt. Der eine Großvater besaß eine Gaststätte mit Saalbetrieb und Tanz, die meine Eltern als Geschäftsführer betrieben. Der andere, Gottfried Nüchter, hatte **die** Biergaststätte in Bochum gepachtet, den Schlegelkrug, und setzte monatlich 120 – 150 hl Pils um. Diese Wirklichkeit endete aber schon 1939. Mein Vater wurde eingezogen und landete in Polen. Meine Mutter konnte die Gaststätte nicht alleine weiterführen, sie wurde also geschlossen.

1940 wurde mein Bruder Udo geboren, und da mittlerweile die Bombenangriffe auf das Ruhrgebiet einsetzten, hielt meine Mutter es für besser, mit ihren beiden Kleinkindern nach Bad Salzuflen zu ziehen. Dort besaß mein Großvater noch eine Pension.

In Bad Salzuflen war natürlich tiefster Frieden. Das einzig Militärische in dieser Zeit, an das ich mich erinnern kann, war ein Lazarettzug im Bahnhof. Bad Salzuflen war für mich eine Idylle. Die Pension hatte einen großen Garten mit Baumbestand. Sie wurde von einer Tante geführt und mein Onkel besaß etwas außerhalb eine Schäferei. Und auf diesem Kotten gab es jede Menge Viehzeug und man konnte dort herrlich im Schafstall in Stroh und Heu spielen.

Mein Vater war mittlerweile in Frankreich stationiert. Dort hatte er sich einen komplizierten Ellbogenbruch zugezogen, der einen langen Lazarettaufenthalt in Brüssel nach sich zog. Als er zu seiner

Einheit zurückkam, teilte sein Kompaniechef ihm mit, dass er sich für einen Fronteinsatz hätte 50 Leute aussuchen müssen. Leider käme er zu spät und sie würden in Kürze abrücken. Die Kameraden sind alle in Stalingrad gelandet. Der Ellbogenbruch rettete meinem Vater quasi das Leben.

1942 wurde mein Vater dann als Kantinenunteroffizier zu einer Sanitätsoffizier-Ersatzabteilung in Göttingen versetzt.

Göttingen – Wörthkaserne 1942 - 1944

1942 zogen wir dann in die nächste Idylle. Mein Vater war nach Göttingen in die Wörthkaserne versetzt worden und hatte dort als Unteroffizier die Kantine übernommen. An die Kantine schlossen sich eine Wohnküche und ein Zimmer an. Das war dann unsere Wohnung. Die Kaserne war für uns Kinder ein herrlicher Freiraum. Keiner der Soldaten tat uns etwas oder sagte etwas. Wer wollte sich denn schon mit dem Kantinier und seiner Frau anlegen.

Die Wörthkaserne: Die drei Fenster rechts unten gehörten zu unserer Wohnung. Die Wache stand links hinter dem Baum. Rechts davon der Gitterzaun, durch den wir kriechen konnten.

Mit allen Leuten in der Kaserne standen wir Kinder auf „gutem Fuß". Einer unserer besten Freunde war Onkel Kuno. Onkel Kuno war der Feldwebel und Unterarzt Kuno Sommer. Damals, 1943, etwa 25 Jahre alt. Er musste sein Medizinstudium in Göttingen beenden. Er war sehr kinderlieb. Er spielte mit uns Kasperletheater in dem er einfach eine Wolldecke zwischen zwei Stühle spannte und dann zwei Finger mit je einem Taschentuch umwickelte. Das waren dann die Kasperlepuppen. Überhaupt war er unser großer Freund. Onkel Kuno konnte man alles Mögliche fragen, er gab bereitwilligst Auskunft. So habe ich ihn gefragt:" Onkel Kuno, wie ist das im Krieg?" Ich wusste ja, dass er in Russland gewesen war und dort war richtig Krieg. Er gab mir eine Antwort, die mich tief beeindruckte und die ich bis heute nicht vergessen habe. Er sagte: „Weißt Du, im Krieg ist es so schlimm. Du hast noch nicht einmal Zeit, um aus der Hose zu kommen, wenn Du musst. Du bist nur am Laufen." Er sagte nichts von Tod, Verwundung, von Strapazen, Kälte oder Hitze. Nein, nur die Tatsache, dass man nicht aus der Hose kann, wenn man will. Dieses Geständnis hat mich fürchterlich beeindruckt. Etwas Schlimmeres konnte ich mir damals nicht vorstellen.

Onkel Kuno hatte wohl immer Hunger. Er bleute uns den Satz ein „Unsere Mutter ist eine vorzügliche Küchenfrau." Wahrscheinlich bekam er dafür ab und zu eine Extraportion Bratkartoffeln. Eines Tages war er nun in der Kantine und trank das Dünnbier. Da wollte er plötzlich los, weil er in seiner Bude einen Topf Pellkartoffeln auf dem Kocher stehen hatte. Unser Vater animierte die anderen, Kuno noch aufzuhalten. In der Zwischenzeit stieg er in die Verpflegungslast, zu der er den Schlüssel hatte, und holte eine Ladung Kartoffeln mit Keimen herauf. Mit einem Nachschlüssel drang er in Onkel Kunos Bude ein. Fischte die Kartoffeln aus dem Topf und setzte die Kartoffeln mit den Keimen hinein. Der Deckel wurde obenauf gesetzt und die Tür wieder sorgsam verschlossen. In der Kantine angekommen machte er Onkel Kuno darauf aufmerksam, dass seine Kartoffeln nun doch wohl bald zu Brei gekocht sein müßten. Kuno verschwand und kam nach ein paar Minuten merklich nervös und bleich wieder und erzählte den erstaunten Freunden, dass sich beim ihm eine naturwissenschaftlich nicht zu erklärende Sache ereignet hätte. Er hätte Kartoffeln ohne Keime aufgesetzt und jetzt wären an den Kartoffeln lange Keime, so dass sogar der Deckel aufgegangen wäre. Er könne sich so etwas nicht erklären. Die Freunde inspizierten die Kartoffeln, versuchten sich in mehr oder minder gescheiten Erklärungsversuchen und versuchten vor allem ernst zu bleiben. Wie lange dann der restliche Kantinenabend gedauert hat, weiß ich nicht mehr.

Udos großer militärischer Auftritt

In der Wörthkaserne war eines Tages großer Appell. Die gesamte Abteilung stand auf dem Kasernenhof im Karree angetreten. Der Kommandeur, Stabsarzt Professor Lenkeit, stand oben auf der Freitreppe und hielt eine Ansprache. Plötzlich stand neben ihm ein kleiner blondgelockter Junge, hielt die Hände auch auf dem Rücken, die linke Hand hatte das rechte Handgelenk umfaßt – mein Bruder Udo, gerade drei Jahre alt. Lenkeit ließ sich nicht stören. Irgendwelches Eingreifen unserer Mutter, sie stand mit mir im Hintergrund auf

Mit Bruder Udo auf dem
Kasernenhof, 1942

der Seitentreppe der Kaserne, war nicht möglich, ohne dass das Zeremoniell empfindlich gestört worden wäre. Nach der Rede schritt der Abteilungskommandeur Lenkeit die Front ab. In gebührenden Abstand von zwei Schritt marschierte Udo hinter ihm her. Unser Vater, der irgendwo im Glied stand, war mehr als nervös. Aber Udo machte seine Sache bravourös. Ob er allerdings auch mit der Hand an der Mütze gegrüßt hat, weiß ich nicht mehr. So bestand Udo seine erste große militärische Orgie. Irgendwelcher Ärger ist nicht danach gekommen. Vielmehr erhielt unsere Mutter anlässlich des Besuches vom Korpsarzt ein Dankschreiben von Lenkeit.

„Hiwis" – die Hilfswilligen

So viel Freiraum verführte natürlich zum Herumtoben. Auch die Kantine war entsprechend groß. Hier bin ich dann morgens um die Theke gerannt, während Matka, unsere russische Putzhilfe, die Theke putzte. Dabei stand ein Thekenblech über und das zog ich mir durch die linke Backe, vom Mundwinkel bis zum Auge eine richtige Schramme. Ich hatte Glück, das Blech hätte auch im wahrsten Sinne des Wortes „ins Auge" gehen können. Heute stelle ich mir aber immer wieder vor, welche Angst Matka gehabt haben muss, dass sie, der „russische Untermensch", Schuld daran war, dass ein „deutscher" Junge verletzt wurde. Aber Mutter schob mir die alleinige Schuld zu. Von Matka habe ich mein erstes russisches Wort gelernt „mucha", das ist die Fliege. Im Übrigen schwirrten in der Kaserne jede Menge Russen herum. Das waren die „Hiwis", die Hilfswilligen. So wurden offiziell die russischen und polnischen Zwangsarbeiter genannt. Die Zwangsarbeiter aus den westeuropäischen Länder waren Fremdarbeiter.

Auch in der Küche waren jede Menge russischer Mädchen beschäftigt. Eines morgens kam ich in die Küche, wo diese Mädchen fröhlich beim Kartoffelschälen saßen. Irgendeine von ihnen drückte mir einen Wasserschlauch in die Hand, machte mir klar, dass ich die Kameradinnen nassspritzen sollte und drehte den Hahn auf. Das Spritzen hat mir richtig Freude gemacht, den Mädchen aber nicht. Und so brach ein fürchterliches Tohuwabohu aus, bei dem ich dann nur noch das Weite suchen konnte.

Pferde und Spiele

In der Kaserne waren auch ca 140 Pferde stationiert. Unser beliebtester Spielplatz war die Reithalle, eine Lohehalle, in der man toben konnte ohne sich die Knochen zu polieren, wenn man hinfiel. Noch schöner war das Heu- und Strohlager. Dort konnte man wunderbar Verstecken spielen. Tagsüber konnte man durch die Reithalle, wenn sie denn zum Hof offen war, auch in das Heulager gelangen. Das Spielen war dann einfach herrlich.

Wir, das waren Bruder Udo und ich, dazu kam Bärbel Schulz, die Tochter des Kompanieführers Walter Schulz, das ein oder andere Kind irgendeines Unteroffiziers, das mit der Mutter den Vater besuchte. Außerdem waren noch eine ganze Reihe Kinder aus der Nachbarschaft da. Diese konnten nämlich ohne Passierschein durch die Wache, weil sie ohne Schwierigkeiten durch das Gitter in der Vorderfront der Kasernenmauer durchkonnten. Die Köpfe waren noch nicht dick genug. Und niemals hat deswegen jemand einmal Ärger gemacht.

Eines Tages hatten wir auch herrlich im Stroh gespielt, aber das Gefühl für Zeit und Raum verloren. Als wir wieder heraus wollten, war wegen des Dienstschlusses schon alles abgeschlossen. Was nun? Der Weg, auf dem man nicht auffiel, war versperrt. Jetzt gab es nur die Möglichkeit, über die Stallwache nach draußen zu kommen. Wir hatten natürlich richtig Schiss, denn uns war klar, dass Spielen im Stroh und im Heu eigentlich nicht erlaubt war.

Wir schlichen uns dann in die Stallwache und erwarteten, ange-
pfiffen zu werden. Aber außer einem markigen „Verschwindet
bloß!" bekamen wir nichts zu hören. Überhaupt, in den fast drei
Jahren in der Kaserne kann ich mich kaum an ein böses Wort von
Seiten der Soldaten erinnern.

Natürlich waren die Pferde eine ungeheuer interessante Sache.
So kam eines Tages ein russischer Hilfswilliger zu unserer Mutter
und sagte ihr: „Kleine Junge bei Pferde! Nix gutt!" Sie war aufge-
regt bis zum geht nicht mehr. Ich weiß nicht, wie sie ihre fürchterliche Angst vor Pferden überwunden hat, um ihren kleinen Goldi-
locks Udo zwischen den Pferden herauszuholen.

Hier ein Kommentar meines Bruders Udo:

*Beliebter Spielplatz der Kinder waren zwei Kutschen, die selten
oder gar nicht benutzt wurden, obwohl es jede Menge Pferde gab.
Ich als jüngster (zwei Jahre sind in dem Alter schon das halbe
Leben) durfte nicht mit den Großen spielen. Also hatte ich mir den
alten und hässlichen Wagen auserkoren. Eines guten Tages wurde
die schöne Kutsche requiriert und verschwand. Nun ging es mir an
den Kragen. – ohne Mitleid wurde ich aus meinem Wagen verjagt
und von da an gehörte er den Größeren. Wahrscheinlich bin ich
heulend zu Mutter gerannt, aber soweit ich mich erinnere, hat es
nichts genützt.*

Doch jetzt die Geschichte mit dem Zirkuspferd. 1944 ging auch
das Pferdeparadies zu Ende. Die Pferde wurden an die Front abgegeben. Die Pferde waren in Fünferreihen angetreten und wurden
mit Musik verabschiedet. Der ganze Pferdezug machte rechts um
und marschierte unter Musik los. Plötzlich marschierte ein
Schimmel auf zwei Beinen und hielt die Vorderbeine in der Luft.
Des Rätsels Lösung: Es war ein Zirkuspferd und die Kapelle spiel-

te die Melodie, zu der das Pferd immer auf den Hinterbeinen durch die Manege musste.

Brotanlieferung

Eine der schönsten Sachen für uns war der wöchentliche Brottransport. Eigenartigerweise kann ich mich nur daran erinnern, dass das Brot immer am späten Nachmittag und immer bei Sonnenschein gebracht wurde; Regen oder gar Schnee gibt es in meinen Erinnerungen dabei nicht.

Also, das Brot kam in einem offenen Kastenwagen, von zwei Pferden gezogen, in der Kaserne an. Der Wagen hielt genau vor der Verpflegungslast an der Südseite. Diese lag im Hochparterre.

Nun wurde ein Fenster aufgemacht und die Brote wurden hineingeworfen. Wir Kinder durften auf dem Wagen herumturnen und, das war das Wichtigste, wir durften die abgebrochenen Ecken aufsammeln und essen. Frisches Kommisbrot – bis heute habe ich noch den Geschmack dieser Köstlichkeit auf der Zunge.

„Kasernenfamilie": Die Frau des Kp-Führers, Mutter Christel und ein Feldwebel vom Stammpersonal

Mit der Tochter vom Spieß Graupner, Rudolf und Udo, 1942

Meine erste militärische Beerdigung

Eines Tages zog ein großer militärischer Trauerzug durch die Straße vor der Kaserne. Ich war mit einem Gummiball (damals eine absolute Kostbarkeit) vor der Kaserne unterwegs. Es kam also der Trauerzug für einen General vorbei. Großes Trauergeleit. Das bedeutete: berittene Truppen und Fußsoldaten mit Musik und der Sarg des Generals auf einer vierspännigen Lafette. Ich habe wohl mit offenem Mund das ganze Tamtam angestaunt und darüber meinen Ball, der hinter oder neben mir lag vergessen. Als alles vorbei war, erinnerte ich mich wieder an meinen Ball, aber der hatte mittlerweile Beine bekommen.

Dazu passt das Gedicht von Detlef von Liliencron:

„Die Musik kommt"

Klingling, bumbum und tschingdada,
Zieht im Triumph der Perserschah?
Und um die Ecke brausend brichts
Wie Tubaton des Weltgerichts,
Voran der Schellenträger.

Brumbrum, das große Bombardon,
Der Beckenschlag, das Helikon,
Die Piccolo, der Zinkenist,
Die Türkentrommel, der Flötist,
Und dann der Herre Hauptmann.

Der Hauptmann naht mit stolzem Sinn,
Die Schuppenketten unterm Kinn;
Die Schärpe schnürt den schlanken Leib,
Beim Zeus! das ist kein Zeitvertreib!
Und dann die Herren Leutnants.

Zwei Leutnants, rosenrot und braun,
Die Fahne schützen sie als Zaun;
Die Fahne kommt, den Hut nimm ab,
Der bleiben treu wir bis ans Grab!
Und dann die Grenadiere.

Der Grenadier im strammen Tritt,
In Schritt und Tritt und Tritt und Schritt,
Das stampft und dröhnt und klappt und flirrt,
Laternenglas und Fenster klirrt.
Und dann die kleinen Mädchen..

Die Mädchen alle, Kopf an Kopf,
Das Auge blau und blond der Zopf;
Aus Tür und Tor und Hof und Haus

Schaut Mine, Trine, Stine raus.
Vorbei ist die Musike.

Klingling, tschintsching und Paukenkrach,
Noch aus der Ferne tönt es schwach,
Ganz leis bumbumbumbum – tsching;
Zog da ein bunter Schmetterling,
Tschingtsching, bum, um die Ecke?

Bombenkrieg

Wie es damals aber wirklich in Deutschlands Städten aussah, kann man vielleicht an dem folgenden Brief erkennen. Tante Fia Münnecke ist nach diesem Angriff zu einem Freund ihres Mannes nach Schneidemühl in Pommern gezogen. Dort kam auch ihr erster Sohn Wolfgang zur Welt. Ich bin mit Mutter und Oma dann nach Schneidemühl gefahren und habe Wolfgang noch gesehen. Er starb, nur acht Tage alt. Heute bin ich der Überzeugung, dass er durch diese Angst und Not während des Bombenangriffes einen Schaden erlitten hat und deshalb nicht überleben konnte.

Brief von Sofia Münnecke vom 15.5.1943 an ihre Schwester Christel Schlüter in Göttingen. Sie war damals 21 Jahre alt und im vierten Monat schwanger. Der Brief wurde kurz nach einem sehr schweren Bombenangriff auf Bochum geschrieben.

15.5.43
Meine Lieben!
Nun habe ich endlich Zeit, Euch genauen Bericht zu erstatten. Eine furchtbare Schreckensnacht haben wir hinter uns. Der Bochumer Anzeiger schreibt heute von einem schweren britischen Terrorangriff auf Bochum. Viele hundert Häuser sind vernichtet und eine große Anzahl zerstört, außerdem einige Krankenhäuser be-

schädigt und zwei Kirchen vernichtet (Marien- und Christuskirche) Die Gußstahlstraße ist völlig zerstört, ein Haus wie das andere von Limpinsel bis Sinnebrink. Winkler u. Euer Haus gehen noch, da können die Leute wenigstens wohnen bleiben. Ein furchtbarer Trichter ist auf der Straße von Euch aus vor der Brücke, Brücke völlig hin. Bei Dir in der Wohnung wehen die Fetzen der Gardinen heraus, alle Fenster weg, auch in der Wirtschaft, alles liegt auf der Straße, man kann so einsteigen, die großen Vorhänge flattern im Wind. In Deine Wohnung (Gußstahlstr. 35) konnten wir nicht kommen, da die Tür sich nicht schließen lässt, oder mit Gewalt aufbrechen, aber das haben wir nicht getan, da sonst alles aufstehen bleibt. Jenessen ist ganz furchtbar, ebenso Willi Steinbuss und H. Schüler, also von Limpinsel bis Winkler wohnt kein Mensch mehr. W. Steinbuss war zum Glück bei Euch im Keller. Die Seitenwand vom Flur zum Keller ist auch zum Teil eingedrückt. Der Menne muss unbedingt kommen. Herr Reimers will es in die Hand nehmen, dass wenigstens die Wirtschaftsfenster mit Brettern zugestellt werden. Gebrannt hat es auch bei Hannes (haben nichts mehr), Rosenkranz (Bleichstr.), Freiherr-vom-Stein-Schule (Arndtstr.) neben Dr. Wiemers am Nordbahnhof, auf der ganzen Wittenerstraße. In bestimmten Abständen sind die Brandbomben gefallen, bei Windelschmidt ins Haus, aber da ist früh genug gelöscht, die nächste zwischen uns und Richard, das war ein Glück. Was noch alles gebrannt hat, weiß ich gar nicht, es war ein Flammenmeer. Da geriet durch Funken die Verdunklung bei uns im Hausflur an zu brennen: alles rauf, erst Asche und Sand und alles was da war drauf. Ich hab alles, was in den Kleiderschränken war, herausgeworfen und alle anderen haben es nach unten geschafft. Inzwischen wurde der entstandene Brand gelöscht, das war nach dem Alarm. Die Rottstr., Alleestr,. Marienstr., Hattingerstr., Gußstahlstr., Brückstr., Spitzberg sind nur Trümmerhaufen. Viele Tote haben wir zu beklagen, Köhlers (Alleestr.), Frau Vonscheidt (Radio) mit beiden Kindern, der Mann in Stalingrad umgekommen. Im Ehrenfeld ist es auch furchtbar. In einem Haus auf der Weiherstr. liegen noch 18 unter Trümmern, und auf der Alleestr. noch 20. Die Zahl der Toten ist noch nicht zu übersehen. Wir haben kein Wasser, kein Licht, keinen Strom. Alles trinkt Bier, müssen was von Brauerei mit der Karre holen.

Die ganze Stadt ist voll Scherben, bei uns auch, Wirtschaft, Esszimmer, Küche und kleines Zimmer. Baltz hat heute noch nicht auf und noch viele andere Geschäfte. Aber morgen, am Sonntag. Keine Straßenbahn fährt. Helga war in der Nacht in Barmen, sie musste von Sprockhövel laufen. Stiepel, Weitmar, überall waren Flieger, das alte Haus (Brantropstr. 66) ist ganz abgedeckt, Reker ist nicht mehr und die 3 Neubauten auf der Schützenstr. Was wir mitgemacht haben, kann ich keinem sagen, auf der Erde haben wir gelegen. Am anderen Morgen haben wir von ½ 8 – 9 Uhr geschlafen, das war alles. Es fahren nur Feuerwehrautos, SHD (Sicherheits- und Hilfsdienst) u. Offiziere u. Gulaschkanonen, Wagen mit Möbeln und Menschen. An Einbahnstraßen stört sich niemand.

Apollo und Gloria (Kinos) ganz weg. Wirtschaft Opphoff alles weg und tot. Alles Brot ist ausverkauft in der Stadt.

Sonderzuteilung für jeden: 150 gr. Fleisch, 900 gr. Brot, 90 gr. Süsswaren, Fisch und Rauchwaren. Da werde ich wohl Deine Nährmittelkarte benötigen. Alles kann ich gar nicht schreiben, es ist zuviel. Der Bochumer Anzeiger schreibt, die Bevölkerung hatte große Verluste an Gut und Blut. Wir waren ganz fertig im Keller Mutter war eiskalt und ich hatte Fieber. Von einem Keller in den anderen sind wir gelaufen, bis wir uns vor die Kartoffelkiste gelegt haben und zuletzt im Bierkeller. Wenn es doch nur so etwas nicht noch einmal gibt!!!!! Das Rathaus hat auch gebrannt! Wir sind ja so froh, dass wir noch leben! Alles hat geweint! Christine es ist furchtbar! – „Rote Erde" ausgebrannt. Ich schreibe alles durchei-

nander, wir sind noch ganz fertig. Badeanstalt – Volltreffer. Stadt-
parkteich leergepumpt, damit sollten wir kochen, 2 Tage schon
kein warmes Essen. Frauen und Kinder kommen nach Meschede,
Geseke usw. HJ hat sich tapfer bewährt. Gestern hat ganz Bochum
nicht gearbeitet, alles nur Aufräumungsarbeiten. Zig Blindgänger
sind noch explodiert. Wilhelmsbad auch. Dr. Fiege im Garten,
Blindgänger.

Wann kommt Menne? Opa habe ich auch telegrafiert. Schusters
haben uns nichts gesagt, fremde Männer in der Wirtschaft.
Ich kann nicht mehr.
Herzliche Grüße   Eure Sofia

Ausgebombt

Pfingsten 1943 (15.6.), also 4 Wochen später, gab es dann große
Aufregung. Ich glaube am Pfingstdienstag standen Oma und Opa
Nüchter und Tante Minchen mit minimalem Handgepäck vor der
Tür. In Bochum ausgebombt. Oma hatte ihre schwarze Handtasche
am Arm und den dreiarmigen Leuchter unter dem Arm: Es war das
Hochzeitsgeschenk unserer Eltern von der Schlegelbrauerei, den
Udo jetzt besitzt. Der „Schlegelkrug" war nur noch ein Trümmer-
berg. (Ich habe ihn 1944 gesehen). Irgendwie war das alles nicht
so richtig vorstellbar. Ich hatte zwar schon Trümmer gesehen, aber
da standen immer noch irgendwelche Wände und irgendwelche
Möbel hingen zwischen Himmel und Erde. Aber hier war alles
weg. Ich begriff sofort, dass damit meine Spielsachen, darunter
auch mein großes Feuerwehrauto, mit dem man richtig spritzen
konnte, weg waren. Unsere Wohnung in Göttingen war recht klein,
also wurde alles zum Notquartier. Die drei mussten auf Matratzen
schlafen. Nach den Erzählungen sind die drei von Bochum nach

Herne zum Bahnhof 18 km gelaufen, um einen Zug zu bekommen. Von Bochum aus fuhr nichts.

Dazu gibt es noch eine andere Geschichte. Wir hatten einen Volksempfänger. Das war ein kleiner Radioapparat, mit dem man das ganze Frequenzspektrum absuchen konnte. Man konnte auch ausländische Sender empfangen. Das war aber verboten und stand unter Strafe. BBC-London sandte jeden Abend Nachrichten für Deutschland. Es begann immer mit Beethovens „ta ta ta taa". Dann kamen Nachrichten darüber, welche Städte in Deutschland angegriffen worden waren. Da die Nachrichten in Deutschland zensiert waren, wusste man nie, ob die Angehörigen in Bochum noch lebten. Also wurde bei uns auch BBC gehört. Eines Abends wurde gerade BBC gehört, da klingelt es an der Tür. Schnell einen anderen Sender eingedreht. Vor der Tür steht der Spieß und sagt zu meinem Vater: „Menne, ich könnte Dich anzeigen!" Mutter muss das Gebiss geklappert haben. Das war immer so, wenn sie Angst hatte. Dann kam: „Du hast nicht richtig verdunkelt!!" Auch das stand unter Strafe.

Es entwickelte sich damals eine eigenartige Sprache. Der Satz „ich könnte dich anzeigen" löste bei etlichen Leuten Angstzustände aus. Denn sogar harmlose Äußerungen, die missgedeutet wurden, konnten einen in die Fänge der Gestapo (Geheime Staatspolizei) geraten lassen. Die verhaftete im Sprachgebrauch auch niemanden, sondern sie „holte ab". Und wenn man in den Fängen der Gestapo war, dann hatten die bald auch ein ihnen genehmes Geständnis. Es war damals so, dass wir genau wussten, dass es Situationen gab, in denen wir unbedingt zu gehorchen hatten. Irgendwelche Widerworte oder Geschrei gab es dann nicht. Es ging eben ums Überleben. Ich habe auch noch im Ohr die Ermahnung „Pass auf, was Du sagst!"

In dem Nachlass meiner Mutter fand ich einen Zettel, der einen

Hinweis auf Konzentrationslager enthält. Mutter musste gehört haben, dass man den Bochumer Nachbarn Heinrich Schüler „abgeholt" hatte. Wahrscheinlich hatte er nie seine Einstellung gegen das Dritte Reich verheimlicht. Sie schrieb also mit Briefkopf meines Vaters an das Einwohnermeldeamt Bochum und bat um die derzeitige Adresse Schülers. Die Antwort war klar und eindeutig „laut Rückmeldung im Lager I Salzgitter über Braunschweig eingetroffen". Ich habe recherchiert, dass Lager I Salzgitter für politische Häftlinge war. Man wusste also etwas. Auf alle Fälle war klar, der Mann ist in den Fängen der Gestapo.

Angriff auf Kassel

Natürlich war immer wieder Fliegeralarm. Von der Kaserne aus habe ich dann den großen Angriff auf Kassel am 22.10.1943 gesehen. Der Angriff war spät abends. Der Himmel war leuchtend rot und es war so hell, dass man eine Zeitung hätte lesen können. Natürlich hörte man auch die Explosionen der Bomben. Es war ein schaurig schöner Anblick. 1946 fuhr ich dann von Göttingen über Kassel nach Bochum und vom alten Kasseler Hauptbahnhof (Kopfbahnhof) lief die Bahnstrecke nach Altenbeken 270° um Kassel herum. Ich habe da eine Stadt gesehen, die nur aus Ruinen bestand.

Auch Göttingen wurde angegriffen. Das Ziel war der Bahnhof, das Reichsbahnausbesserungswerk und der Flugplatz. Der Bahnhof ist nur knapp 100 m von der Altstadt Göttingens entfernt. Aber kaum eine Bombe fiel in die Altstadt. Ich habe vor einigen Jahren eine interessante Theorie gelesen. Weil sehr viele englische und amerikanische Offiziere in Göttingen studiert hatten, ist die Altstadt Göttingens nicht bombardiert worden. Wer zerstört schon seine alte Stammkneipe und das Haus, in dem seine erste große Liebe wohnt. Die Nichtzerstörung Göttingens ist also den netten

Göttinger Wirtinnen und ihren hübschen Töchtern zu verdanken.

Auch habe ich 1944 in der Kaserne einen Luftkampf zwischen einem deutschen und einem englischen Jagdflugzeug zumindest akustisch miterlebt. Ich lag nämlich in unserer Küche in einer Ecke, den Kopf zwischen den Armen, hätte liebend gerne aus dem Fenster den Luftkampf verfolgt, aber da hatte ich Schiss. Ich wusste genau, die Dinger schießen, das konnte man ja hören und wohin sie schießen, das wusste man nicht. Dabei konnte auch ein Junge am Fenster getroffen werden. Ich habe nur das Aufheulen der Motoren und das Krachen der Schüsse gehört. Der deutsche Jäger wurde abgeschossen, die Maschine stürzte in die Altstadt (Nikolaistr.) und der Pilot landete mit dem Fallschirm auf dem Dach eines Nebenhauses im Feuerschanzengraben. Die Soldaten haben den Piloten dann da herunter geholt.

Die Eltern waren natürlich in Sorge um die eigenen Möbel. Diese waren bei unserem Umzg nach Göttingen zunächst in Bochum zurückgeblieben. Sie wurden dann aber ausgelagert. Die schwarzen Möbel und ein Sofa kamen zu Verwandten von Surholts ins Sauerland und das Schlafzimmer (war sehr elegant – Birnbaum) kam zu Freunden von Heinz Münnecke, dem Schwager meiner Mutter, nach Berlin. Wir hatten in Göttingen nur einiges an eigenem Hausrat, alles andere war Kasernenausstattung, inklusive blauweiß karierter Bettwäsche. Auf alle Fälle hatte Mutter ihre elektrische Koffernähmaschine Marke Singer und ihren Kobold-Staubsauger mit. Das waren damals absolute Spitzengeräte und somit Kostbarkeiten. Der Staubsauger hatte sogar einen Föhnaufsatz und die Nähmaschine einen Zickzackzusatz. Die Nähmaschine hat mich damals fasziniert und ich habe daran Nähen geübt, bis ich den Anlasser so malträtierte, dass er nicht mehr funktionierte. Aber irgendeiner der Soldaten war Elektriker und brachte das Ding wieder zum Laufen.

Einschulung

Im August 1944 wurde ich in der Herbartschule eingeschult. Wie man auf dem Bilde sehen kann, war ich richtig fein gemacht worden – mit Schlips und Kragen.

Aber schon am nächsten Tag bekam ich wieder mein „Spielhöschen" an. Das war ein kurzes Pumphöschen mit Brustlatz. Ich habe mich fürchterlich geschämt, weil ich wie ein Kindergartenkind aussah. Es fehlte nur noch die Stickerei „Mamas Liebling" auf dem Brustlatz.

Auch in der Schule erwischte uns der Fliegeralarm. Da die Schule keinen Schutzraum hatte, galt bei Fliegeralarm die Devise: „so schnell wie möglich nach Hause". Ranzen auf den Buckel und im Galopp ab. Natürlich dabei immer ein waches Ohr, ob irgendwelche Flugzeuggeräusche in der Luft waren. Dann, so hatten wir gelernt, galt es sich hinter irgendeinen Busch oder Mauer zu werfen.

Aber das alles war für mich nach sechs Wochen wieder vorbei. Man diagnostizierte bei mir „Verdacht auf Tuberkulose". Damit konnte ich natürlich nicht mehr in einer Klasse sitzen und eventuell die anderen anstecken. Nun hatte ich schon seit der Kleinkindzeit immer wieder Lungenentzündung gehabt. 1943 lag ich mit über 40° Fieber zwei Tage im Delirium und meine Mutter und

56

Tante Minchen hatten abwechselnd bei mir gewacht. Die Meinung dreier Stabsärzte war „wenn er die nächste Nacht durchhält, hat er eine Chance". Dank Waden- und Brustwickel, Penicillin gab es noch nicht, habe ich durchgehalten. Jetzt mit dem Verdacht auf TBC musste ich aufs Land. Tante Fia wohnte in Beienrode bei einem Bauern. Dort hatte ich dann frische Luft, bekam meine tägliche Milch und war essensmäßig gut versorgt. Ich war in der nächsten Idylle gelandet.

Beienrode 1944 - 1947

Pfingsten 1943 wurden – wie schon gesagt – meine Großeltern in Bochum ausgebombt und standen plötzlich mit Tante Minchen bei uns in Göttingen vor der Tür. Die erste Zeit lebten sie dann auch in der Wörthkaserne, bis sie in Beienrode bei Bauer Hille eine Unterkunft fanden. Tante Fia war in Schneidemühl bei Bekannten und dort wurde ihr erster Sohn Wolfgang geboren. Dieser starb nach 8 Tagen und so zog auch Fia nach Beienrode. Meinen Großeltern gelang es jedoch 1944, wieder in Bochum eine Gaststätte zu pachten und so blieb Fia allein in Beienrode zurück. Bei dem Verdacht auf Tuberkulose bei mir war die allgemeine Meinung: „Der Junge muß aufs Land", und so kam ich zu Tante Fia nach Beienrode. Ein herrliches Leben: Keine Schule, ein großer Hof mit elf schweren Belgiern (Pferderasse, Kaltblut), mit Kühen, Schweinen, Schafen, Hühnern und sonstigem Getier. Und hinter dem Hof die „Garte". Im Grunde genommen ein kleiner Bach an dem man herrlich spielen konnte. Ende 1944 erschien auch Oma wieder, da Bochum nun völlig zerstört war und Opa zur Wehrmacht musste. Kurz vor Einmarsch der Amerikaner kamen dann auch meine Mutter, meine Brüder Udo und Rainer, der 1944 geboren ist, und Tante Minchen zu uns. Die Familie war also wieder zusammen. Nur die Männer fehlten, aber die fehlten überall. Sie waren im Krieg.

Anna Hille

Einer der wenigen Lichtblicke im Dorf war Anna Hille. Sie war die Bäuerin auf dem Hof, auf dem Oma, Opa, Minchen und Fia wohnten. Anna Hille war eine Frau mit echter Herzensgüte. Ich kann mich nicht erinnern, dass sie jemals laut geworden ist oder dass ein hartes Wort über ihre Lippen kam. Dabei wusste sie durchaus, was sie wollte und bereederte ihren Hof sehr gut. Es war der größte Hof im Dorfe. An Pferden standen acht Stuten und drei Hengste im Stall, alles schwere Brabanter, belgische Kaltblüter. Außerdem gehörte der einzige Trecker im Dorf, ich glaube ein Lanz, auch ihnen. Sie hatten eine Deckstation und sogar ein eigenes Brandzeichen, einen Tannenbaum.

Annas Mann Heinrich war 1945 auf dem Motorrad von einem englischen Militärauto angefahren worden, hatte sich davon nicht wieder erholt und war als Arbeitskraft in der Landwirtschaft nicht mehr einsatzfähig. Der Sohn Hermann war noch in Kriegsgefangenschaft und so musste Anna Hille zusehen, wie sie alleine klarkam. Auf dem Hof waren noch der Knecht Herrr Bönsch, die Polen (Zwangsarbeiter) Veronika und Frannek mit ihrem kleinen Baby, einem Mädchen, und noch eine Magd.

Wie gesagt, Anna Hille war eine Frau mit Herzensgüte. Überall hörten wir böse Bemerkungen über Flüchtlinge und Evakuierte, wobei Evakuierte noch sozial höherstanden als Flüchtlinge. Doch Anna Hille behandelte uns als Menschen.

Bei Vollmers, das war der Bauer, bei dem wir wohnten, habe ich eine ganze Menge Bosheit und Missgunst erlebt, bei Hilles nie. So kam z.B. 1946 ein Wanderfotograf ins Dorf. Alles musste natürlich fotografiert werden. Wir drei Jungen wurden in unsere beste

Kledasche gesteckt. Liebend gerne hätten wir uns mit oder auf dem weißen Ostfriesen von Vollmers fotografieren lassen, aber das durfte nur Ilse, die Tochter. Dem alten Wilhelm Vollmer hätte das nichts ausgemacht, aber er stand völlig unter der Fuchtel seiner Frau; der Sohn war noch in Kriegsgefangenschaft.

Hof Vollmer, 1990

Einmal bekamen wir von Nachbarn, mit denen sich die Eltern gut verstanden, eine Petroleumlampe, die man aufhängen konnte, geschenkt, ein richtig großes und schönes Stück, ein Kronleuchter. Unsere Bude war nun bei Stromausfall besser beleuchtet. Der Haken an der Sache war nur, dass Vollmers irgendwann diese Lampe diesem Nachbarn geschenkt hatten und nun brach der Streit los, dass sie die Lampe wiederhaben wollten. – sie bekamen sie auch wieder.

Bei Hilles gab es solche Querelen nicht. Ich erinnere mich, dass Anna Hille unseren Großeltern zur silbernen Hochzeit ihre Tassen „Der Silberbraut" und „Dem Silberbräutigam" schenkte. Es war m.E. ein sehr großzügiges Geschenk, denn es gab kein Porzellan und man war froh, wenn man Teller und Tasse besaß. Außerdem stellte der Hof Pferd, Kutsche und Kutscher, um die Verwandtschaft vom Bahnhof in Rittmarshausen abzuholen und wir Kinder durften auf dem Bock mitfahren, um die Verwandtschaft abzuholen. Seitdem ist das massive schaukelnde Hinterteil eines trabenden belgischen Kaltblutes für mich ein schöner Anblick.

Bei Hilles „Im Sack" (so hieß die Stichstraße, die zum Hof führte) habe ich mindestens drei große Schlachtfeste miterlebt; dabei gab es frisches Mett und Erdbeerbowle. Vielleicht esse ich deshalb heute noch so gerne Mett, weil ich mich daran erinnere. An ein Schlachtfest bei Vollmers kann ich mich nicht erinnern.

Das Schlachtefest war wirklich ein Fest. Alles war schon früh am Morgen hoch. Die Herde standen voll mit Kesseln, um heißes Wasser zu bereiten, denn davon brauchte man mehrere Eimer um das Schwein abzubrühen. Meistens um acht Uhr erschien der Schlachter. Wir Kinder durften dann das Schwein am Schwanz festhalten. (Eigenartigerweise hatten wir in meiner Erinnerung beim Schlachtfest nie Schule). Dann wurde dem Schwein die Schlagbolzenpistole auf den Kopf gesetzt und es fiel betäubt um. Nun kam der Herzstich und das Blut spritzte in eine große Schüssel. Eine der Mägde musste das Blut mit der Hand rühren und die Fäden herausfischen. Anschließend kam das Schwein in einen großen hölzernen Trog und wurde mit heißem Wasser abgebrüht. Mit 15 cm hohen Blechglocken, an denen sich am oberen Ende ein Haken zum Abziehen der Klauen befand, wurde das Schwein nun rasiert. Sämtliche Borsten mussten ab sein, denn sonst wäre der Schinken nicht schön gewesen. Anschließend schnitt der Schlachter die Sehnen der Hinterläufe frei. Dadurch wurde ein Wagenschwengel gesteckt, das Schwein nun auf eine Leiter gelegt, der Schwengel festgebunden und das Ganze aufgerichtet und Leiter mit Schwein stand an der Stallwand. Dann wurde das Schwein ausgeschlachtet. Alle Innereien fielen in einen Trog. Die Leber wurde für den Fleischbeschauer sorgsam beiseite gelegt. Die Därme wurden sorgfältig gereinigt; das war natürlich eine stinkige Arbeit, aber die Därme wurden für die Wurst dringend benötigt. Sie wurden auf links gedreht und dann noch einmal ordentlich gewaschen. In manchen Fällen blieb das Schwein dann eine ganze Nacht noch hängen, damit auch das letzte Blut ablaufen konnte Nach dem Zerlegen des Schweines wurde Wurst gemacht. Das Fleisch wurde durch einen großen Fleischwolf gedreht, entsprechend gemischt und vor allem gewürzt. Das war das große Geheimnis. Es ging nach dem Motto „Wat bin is in jede Wurst do kömmst nicht licht dor achter, dat weet Gott alleen und höchsten noch de Schlachter." Jeder hatte da seine eigene Mischung. Dann kam die Masse in die Wurstemaschine. Das war im Grunde genommen eine Presse, die mit einem großen Handrad bedient wurde. Das musste sehr sinnig und gleichmäßig vor sich gehen, damit die Würste auch schön gleichmäßig wurden. Der Darm wurde auf den Füllstutzen geschoben und dann ging es los. Der Darm wurde gefüllt und je nach Wurstsorte wurde alle 10 oder 20 Zentimeter zweimal umgeschlagen. Es entstand eine schöne Wurstkette.

Die Frischwürste, wie Leber-, Weiß- und Blutwurst, wurden dann im großen Wurstkessel gebrüht. Alles schwamm dabei von Fett, denn damals kam es vor allem darauf an, dass ein Schwein groß und fett war. Ich habe mir vor einigen Jahren in Göttingen in seliger Kindheitserinnerung eine Weißwurst gekauft, das ist eine sehr helle, schmalzige Zwiebelwurst, aber sie schmeckte nicht mehr so wie in unserer Kindheit, wahrscheinlich, weil sie heute nicht mehr so fett und schmalzig ist, weil kein Mensch mehr fett essen will.

Für unsere Großmutter setzte nach dem Abkochen der Würste dann das Kochen des Panhas, eine westfälische Spezialität, ein.

Die Wurstebrühe war entsprechend fettig, außerdem schwamm auch noch Wurstmasse darin herum. Diese Wurstebrühe wurde mit Nelkenpfeffer (Pimentpulver), Pfeffer und Majoran gewürzt und dann mit Buchweizenmehl zu einem steifen Brei verkocht. Die Masse musste sich zum Schluss vom Topf lösen. Dann wurde sie in irdene Schüsseln gestrichen und nach ein paar Tagen gab es dann schon zum Frühstück Panhasscheiben gebraten aufs Brot.

Was vom Schwein nicht zu Mett, Wurst und Schinken verarbeitet wurde, kam in Gläser und wurde eingeweckt. Wer ganz fortschrittlich war und schon eine Dosenschließmaschine und vor allem Dosen hatte, der verfrachtete das Ganze in Dosen. An dem ganzen Procedere sieht man, dass es normalerweise kein Frischfleisch gab. Es sei denn, es wurde ein Huhn oder ein Kaninchen gerschlachtet. Wenn man will, kann man sagen, wir lebten aus dem Garten.

Auf alle Fälle gab es beim Schlachten abends immer ein großes Fest, bei dem alle Beteiligten sich richtig mit frischem Fleisch voll schlugen.

Bei Hilles war alles sehr großzügig, zumindest hatte man den Eindruck. Dabei hatte sich die Familie und der Hof ganz schön was aufgehalst. Sie hatten immerhin für Oma, Opa, Minchen und Fia mit Bodo drei Zimmer abgegeben. Für vier Personen war das schon eine erstklassige Wohnung. Bad und ähnliche Fisematenten interessierte damals niemanden. Da konnte man in seliger Erinnerung an Vorkriegszeiten nur von träumen. Für uns Kinder existierte ein ovaler Blechkohlenkasten aus der Kaserne, etwa 30 cm hoch als Badewanne. Darin seiften sich die Erwachsenen dann auch stehend ab. Immerhin gab es bei Hilles schon einen Wasserhahn in der Küche, sogar die Kühe hatten mit Druckwasser betriebene automatische Viehtränken. Das war damals keine Selbstverständlichkeit. Der Hof besaß sogar eine Handdruckpumpe für die Jauche. Die anderen Höfe füllten das Güllefass noch mit einem 5-Liter-Eimer, an dem ein Stiel war; das bedeutete, für ein 1000 Liter-Fass musste man mindestens 200 mal schöpfen.

Allerdings hatte man das Klo auch noch als Plumpsklo neben dem Holzschuppen. Im Winter eine fürchterliche Sache, und die Winter waren damals verdammt kalt. Man hatte immer das Gefühl, dass einem Eiszapfen am Hintern wüchsen.

Oma erzählte immer folgenden Witz, der mir seit damals im Gedächtnis geblieben ist.

Ein Mann hatte fürchterliche Angst im Dunkeln nach draußen zu gehen, da er meinte, überfallen werden zu können. Es musste also immer jemand mitgehen. Im Winter musste er nun nach draußen aufs Plumpsklo, seine Frau musste mit und aufpassen. Wie er auf dem Donnerbalken sitzt, sagt sie vor der Tür: „Is sternenklor" Er drinnen: „Wat, Kerls sind dor?" Sie: „Ach Mann kack an!" Er: „Wat achtzig Mann!?" Da hält ihn nichts mehr. Ohne Abwischen mit der Büx in der Hand stürmt er heraus und rennt ins Haus.

Reisen

Ich war der „Reiseknabe" in der Familie. Mein Bruder Udo hing an Mutters Rockzipfel. Er war ja auch noch klein und wollte wohl schon deshalb dort nicht weg. Da war ich nun vor allem für Tante Fia der begehrte Reisebegleiter. Nachdem sie sich mit Onkel Heinz verlobt hatte, ging es zu Tante Lotte und Onkel Emil, ihren Schwiegereltern, nach Berlin. 1941 und 1942 habe ich dort mit ihr Urlaub gemacht. Onkel Emil war dort Leiter des Postamtes an der Groß-Görschen-Straße und bewohnte eine große Dienstwohnung. Die war auch entsprechend ausgestattet. Es gab den Damensalon, das Herrenzimmer und sogar ein Billardzimmer. Von der Küche aus konnte man auf einen großen Dachgarten gehen, der über den

Garagen des Postamtes lag. Auch gab es jede Menge Brettspiele und Puzzles aus Sperrholz. Von solchen Puzzles schwärme ich heute noch. Für Tante Lotte und Onkel Emil war ich ein Ersatzenkel mit dem natürlich so einiges angestellt wurde. Onkel Emil setzte mich bei einer Straßenbahnfahrt auf der hinteren Plattform auf den Sitz des Fahrers und ich konnte herrlich an dem Fahrschalter drehen. Da wir im Sommer in Berlin waren, ging es natürlich auch an den Wannsee zum Baden. Ich erinnere mich daran, weil ich dort für ein Eis in einer langen Schlange anstehen musste.

Tante Lotte litt an multipler Sklerose und saß im Rollstuhl. Das störte aber überhaupt nicht. Sie war eine wunderbar herzliche Frau. Allerdings hatte sie einen Wellensittich, der sprechen konnte. Er hieß Jacko. Und piepste immer „Jacko Minski". Das sollte „Jacko Münnecke" heißen. Ich hatte vor ihm Angst, weil er sich immer auf meinen Kopf setzte. Das konnte ich nicht ab.

Von Bochum waren natürlich Reisen nach Bad Salzuflen zu Opa Schlüter und Tante Thea alltäglich.

1943 bin ich dann von Göttigen mit Oma und Mutter nach Schneidemühl gefahren. Tante Fia hatte ihren ersten Sohn Wolfgang geboren. Das war auch ein spannendes Unternehmen. Dort fand ich sofort Spielkameraden und ich erinnere mich, dass wir im Regenwasserschacht eines Miethauses ein Feuerchen machten und dass wir begeistert waren, als der Rauch oben aus der Dachrinne herauszog.

Auf der Rückfahrt nach Berlin habe ich dann einen nächtlichen Bombenangriff gesehen. Der Zug hielt auf freier Strecke. Natürlich war das Licht ausgeschaltet. In der Ferne warfen Flugzeuge sogenannte „Christbäume" über einer Stadt ab. Das war Leuchtmunition an kleinen Fallschirmen zur Zielbeleuchtung. Dazu kamen die Strahlen der Flakscheinwerfer, die den Himmel nach

Flugzeugen absuchten. Und irgendwann blitzten dann auch noch die Bombeneinschläge und die Leuchtspurbahnen der Flak auf. Ein schaurig schönes Bild in dunkelster Nacht.

Bei Nacht war es in ganz Deutschland dunkel. Es brannte keine Straßenbeleuchtung wegen der Fliegergefahr. Alle Wohnungen hatten an den Fenstern eine Verdunkelung. Nicht zu verdunkeln stand unter Strafe. Die Autos hatten die Scheinwerfer überzogen, so dass nur noch ein Schlitz zu sehen war. Alle Leute trugen Phosphoranstecker. Die leuchteten im Dunkeln, so dass man nicht unversehens mit anderen Passanten zusammenstieß. Die Straßenbahnen hatten blaue Scheiben. Diese absorbierten das spärliche gelbe Licht im Innern, so dass sie von außen schwarz aussahen. Es war eben Krieg. Heute findet man kaum noch eine Gegend, die nachts absolut dunkel ist. Überall brennt immer eine Laterne und die hell beleuchteten Städte geben ihren Widerschein an den Himmel. Ich habe 1967 eine totale Dunkelheit erlebt auf einer Zugfahrt von Niebüll nach Flensburg. Wegen eines Sturms war der Strom in ganz Südtondern ausgefallen und es war richtig spannend, wie der Schienenbus durch die absolut dunkle Landschaft fuhr.

Kriegsende

Gegen Kriegsende im April 1945 befanden wir uns in Beienrode. Wir, das waren Oma Nüchter, Christel Schlüter, Tante Minchen Job, Tante Fia Münnecke und wir vier Kinder. Damals lebte Fias Sohn Bodo (geboren im November 1944) noch. Die Männer waren alle im Krieg. Der einzige, von dem man wusste, wo er steckte und dass er lebte war Onkel Engelbert Job. Er war in kanadischer Gefangenschaft. Heinz Münnecke war seit dem 20. Januar 1945 (Fall der Marienburg/Ostpreußen) vermisst. Von unserem Vater Josef Schlüter und unserem Opa Gottfried Nüchter wusste man nichts.

Oma Anna Nüchter mit ihren Enkeln Rudolf und Udo Schlüter,
auf dem Schoß Bodo Münnecke und Rainer Schlüter, 1945

Irgendwann war das Dorf voll mit deutschem Militär auf dem Rückzug. Sie waren das letzte Aufgebot. Von denen erbten wir ihre Utensilien für Sandkastenspiele, nämlich kleine Häuser und Gipspanzer. Sie konnten damit kaum noch etwas anfangen, denn sie hatten keine Panzer mehr.

Ich erinnere mich noch an einen Hitlerjungen, der bei Hilles auf dem Hof landete, bewaffnet mit Sturmgepäck und Panzerfaust. Er wurde verpflegt und ich sehe ihn immer noch einsam an der Garte entlang nach Westen Richtung Kerstlingerode marschieren. Das letzte Aufgebot. Manchmal frage ich mich, was ist aus diesem Jungen bloß geworden?

Im April 1945 rückte die Front also näher. Flugzeuge in der Luft waren keine Seltenheit. Meistens waren es feindliche Bomber, die in riesigen Schwärmen über das Dorf Richtung Osten zogen. Unbehelligt von irgendwelcher Flak oder deutschen Jägern. Ich habe heute noch das monotone Dröhnen dieser Flugzeugpulks im Ohr Auch werde ich im tiefsten Schlaf hellwach, wenn heute in weiter Ferne eine Sirene heult. Ich kann das nicht vergessen, auch nicht nach so langer Zeit.

An ein Erlebnis mit einem Jagdflugzeug kann ich mich noch äußerst lebhaft erinnern. An einem Nachmittag standen wir hinter dem Haus von Hilles vor der Küchentür. Es waren mindestens vier Erwachsene mit zwei Kinderwagen und Bruder Udo und ich. Plötzlich kam über den Hügel ein Tiefflieger. Bei Tieffliegern, so hatte ich gelernt, hinter den nächsten Baum, Strauch oder sonst etwas werfen, den Kopf zwischen die Arme nehmen und in Deckung bleiben bis alles vorbei ist. Ich spurtete nach vorne über den Hofplatz und warf mich hinter einen großen Holzhaufen. Die Erwachsenen drängelten ins Haus mitsamt den Kinderwagen, was nicht einfach war. Plötzlich vermisste mich unsere Mutter und mit wildem Geschrei wurde ich auch ins Haus beordert.

Hier habe ich zum ersten Mal Panik erlebt. Die Erwachsenen machten in meinen Augen alles verkehrt und dieser Meinung bin ich heute noch. Das Bauernhaus bestand aus Fachwerk mit Lehmbewurf. Die 2 cm-Granaten des Fliegers wären im Haus explodiert, wenn er denn geschossen hätte. Man hätte links und rechts um das Haus verschwinden und in Deckung gehen können, hätte sich nicht in der engen Tür behindert. Vor allem lag rechts das steinerne Backhaus, hinter dem man den einzigen richtigen Schutz gehabt hätte. Gott sei Dank war es aber ein deutscher Flieger.

Eine Tour nach Göttingen habe ich im April 1945 mit unserer Mutter zu Fuß gemacht. Es muss zwischen dem 8. April und dem 15. Mai gewesen sein, denn da fuhr die Kleinbahn zwischen Rittmarshausen und Göttingen nicht. Tante Minchen und Mutter waren gerade noch rechtzeitig vor dem Einmarsch der Amerikaner am 8. April von Göttingen nach Beienrode geflüchtet. Sie hatten aber nur wenige Sachen mitnehmen können. Jetzt ging es darum, dass man noch retten wollte, was es zu retten gab.

Wir sind bis Rittmarshausen zu Fuß, eine Sportkarre hatten wir dabei, damit wir nicht soviel schleppen mussten. In Rittmarshausen hatten wir Glück, ein Pferdefuhrwerk nahm uns mit. Auf ihm war ein Polenjunge aus der alten Zuckerfabrik, in der ein Polenlager untergebracht war. Dieser hatte mit Munition gespielt und die war hochgegangen. Er hatte das ganze Zeug ins Gesicht und in die Augen bekommen. Dieser Junge hing da nun in den Armen der Eltern mit einem riesigen Kopfverband und wimmerte die ganze Tour leise für sich dahin. Es sind Bilder und Geräusche, die ich bis heute nicht vergessen habe.

Was wir eigentlich in Göttingen gemacht haben, weiß ich nicht mehr. Wir waren irgendwie in der Wörthkaserne angekommen und versuchten noch irgendwelche Sachen, die dort noch lagerten, zurückzubekommen.

Der Rückweg war wesentlich anstrengender. Da mussten wir die ganze Strecke laufen. Irgendwann war ich fertig und konnte nicht mehr. Da durfte ich in die Sportkarre. Ich bin sofort eingeschlafen. Ich weiß allerdings noch, dass wir vor Wöllmarshausen in einem kleinen Siedlungshaus aufs Klo gingen und dieses Klo mich fürchterlich interessierte, denn es war zwar ein Plumpsklo, aber nicht mit einem Schietkasten, sondern mit einem Eimer darunter. Dieser musste auf Grund seiner Größe täglich geleert werden. Etwas, was ich weder vorher gesehen hatte noch später wieder gesehen habe: Ein Plumpsklo, bei dem man nicht über einem Haufen stinkenden Kotes saß und bei dem sich auch die Anzahl der Fliegen, die sich einem auf den Hintern setzten, in Grenzen hielt.

Wahrscheinlich hatte Mutter mich nicht zum Fitnesstraining mitgenommen, sondern ich als begleitendes Kind bot ihr wahr-

68

scheinlich etwas mehr Sicherheit. Damals hatten alle Leute Angst. Vor den Amerikanern, vor den Polen und Russen, die jetzt frei herumliefen und teilweise auch Rache nahmen für die Jahre der Zwangsarbeit. Man hatte Angst vor jedem Fremden. Vor allem die Propaganda hatte alle Fremden, die keine Deutschen waren, als Untermenschen und die Amerikaner als Mörder mit Messern zwischen den Zähnen dargestellt.

Kurz vor Kriegsende aber waren plötzlich deutsche Bodentruppen da. Die Soldaten meinten, dass Beienrode Kampfgebiet werden könnte, und dass es das Beste wäre, wenn wir uns in den Wald verkriechen würden. Taten wir aber nicht. Wir krochen in den Milchkeller. Das war unser Glück, denn die Amerikaner beschossen den Wald dann nachts recht heftig, da sie darin noch deutsche Soldaten vermuteten. Der Milchkeller war ein Halbkeller im Backhaus, mit einer Wasserrinne zum Kühlen der Milchkannen, die durch eine Quelle gespeist wurde. Darin saßen nun alle, ich glaube es waren immerhin 15 Personen. Ein Hindenburglicht brannte. Alles hatte Angst und dann fing nachts die Artillerie an. Wir hörten die Granaten über uns hinweg pfeifen und hörten die Einschläge und Detonationen. Allerdings, und das war beruhigend, kamen sie nicht näher. Die Frauen beteten laut. Die Angst war da und wich auch nicht.

Vor allem hatte die Propaganda ein irres Feindbild aufgebaut. Danach war jeder zweite Amerikaner ein Schwarzer, der mit einem Messer zwischen den Zähnen nach deutschen Frauen und Kindern suchte. Am nächsten Morgen gab es keinen Gefechtslärm mehr, sondern nur noch Panzerlärm. Die Amis waren da.

Jetzt griff die Panik völlig um sich. Jetzt musste geflüchtet werden. Aber wohin? Es fiel den Frauen nur ein, zum nächsten Bauern zu flüchten. Bauer Lorenz hatte einen richtigen Keller aus Stein, allerdings lag der zu ebener Erde und man konnte zum Fenster heraussehen. Zum Flüchten brauchte man auch eine weiße Fahne, dafür brach man einen Himbeerzweig ab und hing eine Windel daran. (Unmittelbar neben dem Garten lagen die Bohnenstangen. An die dachte aber keiner und auf uns Kinder hörte keiner).

Die Polin Veronika mit ihrem Säugling zog auch mit uns. Sie vermisste ihren Franek, und schrie immerzu: „Franek, Franek!" Der stand aber, so glaube ich, an der Straße und jubelte seinen Befreiern zu. Es muss ein wirklich trauriger Zug von Flüchtenden gewesen sein, der da durch das Gras über die Wiese zog. Die Kinderwagen mussten über die Zäune gehoben werden.

Übrigens hatten die Frauen vor dem Einmarsch der Amerikaner sämtliche Wein- und Schnapsvorräte vernichtet – sie hatten den Wein und Schnaps weggeschüttet. Ich habe das damals nicht recht verstehen können, denn Wein und Schnaps war eine Kostbarkeit, das wusste sogar ich. Ich hätte wunderbare Verstecke auf dem Strohboden bei Hilles anbieten können. Aber auf mich hörte ja keiner. Tante Fia hatte sogar bei allen Bildern auf denen ihr Heinz in SA-Uniform zu sehen war, ihren Heinz herausgeschnitten. Sogar die Dessertmesser mit Hirschhorngriff wurden als angebliche Waffen vernichtet und in der Kochhexe verbrannt.

Diese Flucht hatte eine enorme Situationskomik. Ich habe keinerlei Angst gehabt. Denn erstens konnte ich zu dem Zeitpunkt keinerlei direkte Bedrohung entdecken und zweitens wäre ich auch viel lieber mit Franek zur Straße gelaufen und hätte mir die Panzer beguckt. Das habe ich dann auch später gemacht und es hat mächtig Spaß gemacht und ich war fürchterlich beeindruckt.

Auf alle Fälle erschienen zunächst keinerlei Amerikaner bei Hilles auf dem Hof. Auf Grund der verschachtelten Bebauung, wie sie in Südniedersachsen üblich ist, hatten die Amis die Hofeinfahrt für irgendeine Scheuneneinfahrt gehalten und die hatte sie nicht weiter interessiert. Erst nach drei Tagen erschien der erste Ami auf dem Hof. Die Amis nahmen an, dass sich noch hie und da Wehrmachtssoldaten versteckt hielten und schossen prophylaktisch mit der Artillerie. Dabei war dann auch das Schützenhaus von Beienrode dem Erdboden gleichgemacht worden. Es sind auch deutsche Soldaten da gewesen, denn im Sommer fanden wir noch in Richtung Etzenborn einen Unterstand für Militärfahrzeuge.

Mit dem Nachlass des Krieges kamen wir dann bald in Berührung. Irgendwo in der Feldmark lag ein abgeschossener Bomber. Vor Kerstlingerode standen mehrere Vierlingflaks herum, die wir dann als Karussels benutzten.. Scharfe Panzerfäuste fanden sich immer wieder irgendwo. Einmal fanden wir an der Garte ein Seitengewehr. Das mit diesen Dingern nichts Ernsthaftes passiert ist, grenzt für mich heute an ein Wunder.

Geburtstagsüberraschung 21. Mai 1945

Am 21. Mai 1945 feierte unsere Mutter ihren 33. Geburtstag. Wir saßen bei Oma und es gab Kuchen. Irgendwann hielt vor dem Misthaufen vor der Tür ein PKW mit Holzgaskessel, der im Kofferraum eingebaut war, und ein Bekannter aus Göttingen kam wie zufällig herein und gratulierte. Ich habe dann aber gesehen, dass noch irgendeiner draußen um das Auto schlich. Wer das war, konnte ich nicht erkennen. Aber plötzlich ging die Tür auf und in der Tür stand unser Vater. Er lebte, war kurz vor Kriegsende durch einen Streifschuss am Kinn verwundet worden und im Lazarett in Wuppertal dann entlassen worden. Irgendwie war er in Bad Salzuflen bei der Verwandtschaft gelandet und hatte sich dann auf die Socken gemacht und war in zwei Tagen von Bad Salzuflen nach Göttingen gelaufen (ca. 140 km) um zum Geburtstag unserer Mutter rechtzeitig zu Hause zu sein. In Göttingen hatte er dann den netten Bekannten gefunden, der ihn die letzten 20 km mit dem

Auto nach Beienrode brachte. Wie gesagt, unser Vater stand in der Tür und unsere Mutter sagte nur „Der Menne!!!", dann wurden ihre Knie weich und sie lag auf den Flurplatten.

Man kann sich heute kaum vorstellen, was das 1945 für eine Überraschung war. Unser Vater war der erste Heimkehrer. Opa Nüchter war irgendwo in Gefangenschaft. Heinz Münnecke, sofern er noch lebte, in russischer Gefangenschaft. Onkel Engelbert seit fast 3 Jahren in englischer Gefangenschaft. Nur von ihm wusste man, dass er auf Nummer sicher war. Bei allen anderen war das Schicksal ungewiss. Ich kann mich noch daran erinnern, dass Tante Fia tagelang Karten legte, um aus den Karten das Schicksal der Männer zu ersehen. Und nun diese Überraschung.

Für unsere Mutter war es Weihnachten, Ostern und Geburtstag zugleich:

Die Familie war wieder vereint.

Vater Josef
Schlüter
mit seinen
Söhnen
Rudolf
und
Rainer,
1946

Nach dem Krieg

Russenkittel, Wollendeckenmantel und andere Kleidung

Mütter haben es so an sich, dass sie meinen, ihre Kinder müssten immer fein aussehen. Das galt auch für Mütter damals schon, besonders aber für unsere Mutter. Außerdem waren da auch noch Fia, Minchen und vor allem Oma, die wollten auch immer nur mit einem schön angezogenen Jungen losziehen. Also wurde ich, das heißt eigentlich: wir Kinder, herausgeputzt. Später gab es dann nicht mehr soviel Kleidung, aber schön aussehen mussten wir Kinder nun einmal.

Wenn man sich die Fotos ansieht, die im Kurpark in Bad Salzuflen gemacht wurden, ich mit Sepplhut und Strickhosen und Jacken, wird das vielleicht verständlich. Damals hatte ich Schnallenschuhe, die konnte man nur mit ganz speziellen Werkzeug schließen und aufmachen. Oh, wie habe ich diese Mistdinger gehasst. Das einzige, wo ich selbst noch Ansprüche anmelden konnte, waren Spazierstöcke. Diese kleinen Dingen hatten aber die fatale Eigenschaft, sehr schnell kaputt zu brechen, und während des Krieges wurde es dann schwierig, neue zu besorgen.

Ich war normalerweise der Vorträger der Kleidung, Bruder Udo dann der nächste, der die Sachen zu schleppen hatte. Etliches hat er aber auch noch an Bruder Rainer vererbt. „Bleyle" war das Feinste vom Feinen, wenigstens in den Augen der Erwachsenen. Ältere Frauen bekommen heute noch leuchtende Augen, wenn man die Marke Bleyle erwähnt. Wer einmal solches Strickzeug als Kind getragen hat, weiß was dieses für eine Tortur für den kleinen Träger darstellt. Es kratzt und zieht Fäden und ist empfindlich wie eine Mimose.

Mit die schlimmsten Kleidungsstücke, die wir hatten, waren die beiden Russenkittel. Es gab also zwei Russenkittel. Einen kleinren in Blau und einen größeren in Zinnoberrot. Vorne schön bunt bestickt. Sobald man diese Dinger anhatte, konnte man sich nur vorsichtig bewegen. Jedem Zaun, jeder Stalltür, jeder Hecke musste man weit aus dem Wege gehen, überhaupt durfte man nirgendwo anecken, der Kittel hätte Schaden nehmen können. Irgendwo war immer Dreck. Schnell laufen konnte man schon gar nicht, denn die Straßen waren vor allem bei Regen voll Schlamm und der macht bekanntlich ja Flecken. Zwei Russenkittel bedeutete, dass man diese verfluchten Dinger für ungefähr vier Jahre an Sonn- und sonstigen Feiertagen zu schleppen hatte. Ich bin auf alle Fälle mit dem roten Kittel am Ostermontag 1946 in der Garte gelandet. Die Kälte vom Wasser am Hintern war sofort verschwunden, als ich mit der nassen Büx zu Hause ankam und Mutters Reaktion darauf zu spüren bekam.

Überhaupt bekamen wir damals sehr viel Kleidung Marke Eigenbau. Erstens gab es nichts zu kaufen, zweitens hatten wir nur einen größeren Jungen, nämlich Josef Surholt, in der Verwandschaft, von dem man hätte etwas erben können. Und Josef war sehr weit weg. Allerdings habe ich von ihm einen Anzug geerbt, den ich sehr geliebt habe. Ich trage ihn auf dem berühmten Beienroder Gruppenfoto. Unsere Mutter war recht gut im Nähen und sie hatte auch eine elektrische Nähmaschine Marke Singer, sogar mit Zick-Zack, für die damalige Zeit etwas sehr Ungewöhnliches. Mutter nähte nun wie ein Weltmeister, wenigstens so lange, wie Stoff vorhanden war. Als erstes erhielt ich eine Sepplhose aus braunem Samt. Mit der Hose kletterte ich über ein Stackett und kam dann mit offener Hose nach Hause, da ich im Stackett hängengeblieben war und mir die gesamte rechte Naht aufgerissen hatte.

Der Höhepunkt war jedoch mein Wintermantel. Aus einer sehr dicken Wehrmachtsdecke wurde er genäht. Der Grund war, das glaube ich heute, dass in der Decke „Wehrmacht" stand. Und dieser Schriftzug musste verschwinden. Also bekam ich daraus einen Mantel, sogar mit Kapuze. Ich kam mit Mühen in diesen Mantel hinein. Die Arme standen dann zur Seite und wenn ich noch die Kapuze aufhatte, dann konnte ich kaum etwas sehen. Den Schultornister konnte ich kaum alleine auf den Buckel bekommen. Auf alle Fälle war ich in meiner Bewegungsfähigkeit äußerst eingeschränkt. Das hinderte meine Mutter jedoch nicht, mich mit diesem Mantel zur Schule zu schicken. Der Schulweg nach Kerstlingerode war eine Tortur. Es war herrlichstes Winterwetter mit furchtbar viel Schnee, aber ich durfte nicht vom Weg abweichen. Kam eine Schneewehe, so blieb ich darin stecken und nur mit Hilfe meiner Kameraden konnte ich wieder herauskommen. Vielleicht ist dieser Mantel die Ursache dafür, dass ich noch heute keine dicken und engen Mäntel tragen mag.

Die Strickkünste der vier Frauen waren auch nicht ohne. Zunächst hatten wir etliches an grauer Wehrmachtswolle. Daraus wurden lange Strümpfe gestrickt. Diese wurden dann mit einem sogenannten Klippklapp, einem Strumpfhalter, der wie ein Hosenträger über den Schultern über dem Unterhemd hing, festgemacht. Zwischen der kurzen Hose und dem Strumpf war dann immer ein Stück Fleisch zu sehen, denn die Hosen waren immer zu kurz. Wir trugen diese Kombination auch im Winter, denn lange Hosen waren ein Luxus und es gab sie auch nicht.

Später wurden dann Handschuhe mit Norwegermuster gestrickt Es folgten Pullover, aber erst nachdem man eine gehäkelte Tischdecke aufgeribbelt hatte. Es gab immer was Neues. Nebenbei wurde an den Stacheldrahtzäunen Schafswolle gesammelt, ab und zu konnte man auch von einem Bauern Wolle bekommen, die musste dann gewaschen und versponnen werden. Sogar wir Kinder konnten bestens mit dem Spinnrad umgehen. Auf alle Fälle verschwanden wir blitzschnell, wenn wir merkten, dass die Wollknäuel am

Ende waren und neue Knäuel gewickelt werden mussten. Dann mussten wir nämlich die Stränge halten. Und das ging auf die Armmuskeln.

Am schönsten war es, wenn wir unsere Alltagsklamotten tragen durften. Zwar mussten wir auch hier aufpassen, dass wir keinen Knopf verloren oder das Zeug ein Loch bekam, aber diese Dinger durften schon einmal dreckig werden.

Einmal bin ich von fürchterlicher Dresche davon gekommen. Bei Hilles stand ein Pott mit Wagenschmiere herum. Ich hatte nichts Besseres zu tun, als diese Wagenschmiere an den Türpfosten am Futtergang von Hilles Kuhstall zu schmieren. Diese Tür zum Futtergang war nun eine Schiebetür. (Sie war übrigens 1999 immer noch vorhanden.) Mein Bruder Udo bekam diese Tür nur einen Spalt weit auf und zwängte sich dann mit einer weißen Schürze angetan, die zudem auch noch bestickt war, durch den Türspalt. Und dabei so richtig an der Wagenschmiere entlang. Die weiße Schürze war danach schwarz. Ich habe natürlich meinen Mund gehalten, und wusste auch nicht, wie die Wagenschmiere dahin gekommen war.

Die Unterbringung der Flüchtlinge

Wir wohnten an und für sich sehr gut. Wir hatten bei Vollmers zwei Zimmer. In der Wohnküche stand eine sogenannte Kochhexe. Das war ein kleiner Herd mit Backofen. Die Hexe war zwar klein, aber trotzdem entstanden hier herrliche Weihnachtsplätzchen und Kuchen. Mit meinen sieben Jahren konnte ich schon einen Marmorkuchen zurecht rühren. Dort standen noch Tisch und Stühle, ein Vertiko, die Chaiselongue und nicht zu vergessen – die Wasserbank. Das war ein kleines Regal, auf dem immer ein Eimer Wasser stand, denn das Wasser musste von der Pumpe vor dem Haus geholt werden. Im Eimer hing immer eine Schöpfkelle, damit man auch zwischendurch einen Schluck nehmen konnte. In der oberen Etage hatten wir dann das Schlafzimmer. Allerdings unbeheizt. Im Winter war es dann saukalt und am Morgen zierten wunderschöne Eisblumen die Fenster. Ein herrlicher Anblick bei aufgehender Sonne.

Die Winterabende 1945/46 sind mir immer noch in sehr angenehmer Erinnerung. Aber eigentlich waren sie gar nicht so angenehm. Wie damals üblich, fiel immer wieder das Licht aus wegen Stromsperre. Wir saßen dann im Dunkeln. Im Höchstfalle brannte ein sogenanntes Hindenburglicht (ein größeres Teelicht), aber auch diese Dinger waren knapp. Also setzte sich Oma vor die Kochhexe, öffnete die Ofenklappe und las uns aus Grimms Märchen vor. Im flackernden Schein des Ofens nahmen die Märchenfeen, Zauberer und Hexen dann für uns tatsächlich Gestalt an und ließen uns nur näher an Oma rutschen. Und dann kam unweigerlich der Moment, wo Oma „Lieder aus der Küche" sang wie „Mariechen saß weinend im Garten" und „Gefangen in maurischer Wüste". Gewiss, es war eine traurige Zeit, aber ich habe mehr die schönen und aufregenden Erlebnisse in Erinnerung.

Die Evakuierten und Flüchtlinge wurden dem Dorf zugeteilt und der Bürgermeister hatte sie unterzubringen. Bei Vollmers wurde dann die Familie Beck mit vier Kindern einquartiert. Sie bekamen eine fensterlose Dachkammer von ca 10 m². Da sie keine Möbel hatten, kam einfach etwas Stroh hinein, so dass sie wenigstens eine Unterlage zum Schlafen hatten. Die Bauersfamilie hatte aber für 4 Personen mindestens 5 Zimmer plus Küche. Allerdings fanden die Becks nach kurzer Zeit ein besseres Quartier.

Tante Minchens Hochzeit

Tante Minchen hatte Onkel Engelbert 1943 in einer Ferntrauung geheiratet. Onkel Engelbert befand sich in Kanada in Gefangeschaft, also heiratete sie einen Stahlhelm oder vielmehr eine Marinemütze, die neben ihr auf einem Stuhl lag. Damit war sichergestellt, dass ihr alle Pensionsansprüche zustanden, falls Onkel Engelbert doch noch etwas zustoßen sollte. Das war zwar unwahrscheinlich, denn er befand sich im tiefsten Frieden, wurde nachts nicht durch Bombenalarm hochgescheucht und hatte satt zu essen.

1946 erschien dann Onkel Engelbert wieder. Zwar etwas dünn und schmal, der Adamsapfel hüpfte über dem etwas zu großen Kragen. Er war die letzten 1 ½ Jahre in England in Manchester gewesen und hatte dort als Kriegsgefangener in einem Restaurant gekellnert. Damals hatten die Tommies auch nicht viel zu essen. Er kam mit einem großen Seesack an und hatte Zigaretten und vor allem Tee und Kaffee mitgebracht.

Nach der Meinung der Familie waren nun Minchen und Engelbert noch nicht richtig verheiratet, nicht wegen der Trauung mit der Mütze, sondern sie waren ja noch nicht in der Kirche getraut worden.

Engelberts Eltern, die früher in Bochum auf der Marienstraße gewohnt hatten, waren auch ausgebombt und waren in die Pfalz gezogen, wo Engelberts Vater herkam. Engelbert und Minchen fuhren also zur kirchlichen Hochzeit in die Pfalz. Über dieses Fest weiß ich nichts, nur über die Sause nach ihrer Rückkehr weiß ich etwas. Die beiden kamen mit gefüllten Koffern wieder. Und was das wichtigste war, die Koffer waren voll mit gefüllten Flaschen, Inhalt Pfälzer Wein. Das war damals eine absolute Kostbarkeit. Jetzt musste natürlich erzählt werden und dabei wurde auch getrunken. Die gesamte Familie (Vater Josef, Christel, Tante Fia und wir Kinder) waren in der Sackgasse „Im Sack" bei Oma und Opa versammelt und lauschten gespannt den Erzählungen. Wir Kinder saßen dumm dabei herum und hörten zu. Auf uns achtete keiner.

Plötzlich wurde es Udo fürchterlich schlecht. Man konnte ihm gerade noch eine Brechschale (eine nierenförmige Stahlschüssel, erstaunlich, das hatten wir, dafür aber kaum Porzellan) unterhalten. Er stöhnte nur immer: „Mir ist so schlecht" und lag auf Omas grünen Plüschsofa, wobei es ihm immer wieder hochkam. Er war plötzlich zum absoluten Mittelpunkt avanciert. Des Rätsels Lösung war sehr einfach. Udo hatte erst einmal seinen Finger in die vollen Gläser gesteckt und dann abgeleckt. Dann hatte er still und heimlich sich über die Nössel hergemacht. Auf Grund der Tatsache, dass alle Erwachsenen wissbegierig an den Lippen der Erzähler hingen, hatte keiner etwas davon gemerkt. Udo war besoffen und nun war ihm schlecht.

Der Schuster

Der Schuster im Dorf war bis zum Kriegsende Ortsgruppenleiter gewesen. Er war ein mürrischer, ekelhafter Kerl, der wahrscheinlich seiner braunen Vergangenheit nachtrauerte. Auf ihn waren alle angewiesen, denn Schuhe waren Mangelware und so mussten wir sie immer wieder flicken lassen. Da konnte er seine Machtgelüste natürlich richtig austoben, vor allem an uns Kindern. Wir trugen fast alle im Sommer Holzsandalen. Das Riemenzeug war mit Nieten zusammen geheftet. Diese scheuerten natürlich, da Strümpfe im Sommer reinen Luxus darstellten und wir deshalb meistens barfuß liefen. Vor allen ging das Riemenzeug immer wieder kaputt und wir mussten mit den Sandalen zum Schuster. Von ihm wurden wir erstmal richtig zur Sau gemacht, warum wir die Sandalen überhaupt kaputt gemacht hätten. Meistens mussten wir mindestens einen Tag warten, bis er sie fertig machte. Er selbst trug natürlich weiterhin seine schwarzen SA-Langschäfter, um die ihn jeder beneidete.

Die Panzersperre

Unter der Straße von Beienrode nach Kerstlingerode gab es einen Wasserdurchlass. Diese „Brücke" sollte im Zuge des Endkampfes im April 1945 gesprengt werden, um so die alliierten Panzer aufzuhalten. Der ganze Graben ist etwa 2 m tief und 3 m breit. Mit etwas Anlauf wären die Panzer darüber hinweg gesprungen. Nur dem energischem Eintreten von Bauer Heinrich Hille ist es zu verdanken, dass die Sprengung unterblieb. Ich bin einmal in meinem Leben mit einem Schützenpanzer mitgefahren. Die Panzerleute machten sich einen Spaß, uns Marinern einmal richtig zu zeigen, welche Sprünge solch eine Sardinenbüchse machen kann. Wind Stärke 10 und entsprechender Seegang ist nichts dagegen.

Wasserdurchlass an der Landstraße, der gesprengt werden sollte. Photo 1990

An dieser Stelle habe ich mir allerdings auch im Winter 46/47 den rechten Fuß gewaschen. Es war richtig schön kalt und Udo und ich zogen im Schnee über die Felder. Wir kamen dann an einen Gülleabfluß und natürlich musste ich probieren, ob das Eis auch schon fest war. War es aber nicht und so stak ich bis über meine hohen Schuhe im übelriechenden Gülleschlamm. Eine lange Hose hatte ich nicht an, nur lange graue Strümpfe, die mit einem Klippklapp festgemacht waren. Die Strümpfe und der Schuh waren auf alle Fälle übelriechendst eingesaut. So konnten wir beide nicht zu Hause erscheinen. Ich nicht, weil ich in den Graben gepeddet war und entsprechend stank, Udo nicht, einfach weil er dabei gewesen war und mich nicht von dem Blödsinn abgehalten hatte. Bei uns galt nämlich immer noch Sippenhaft und Udo hing immer mit drin. Entweder er zählte zu den Großen oder zu den Kleinen. Also, es blieb nichts anderes übrig, als Schuh und Strumpf auszuwaschen. Wir sind dann an diese Brücke gezogen, haben Schuh und Strumpf ausgezogen und gewaschen. Während wir da werkelten, kam ein ganzer Zug mit Hamsterern vorbei. Die guckten etwas seltsam, aber keiner hat etwas gesagt. In jenen Zeiten war eben alles Mögliche möglich. Ich hatte jetzt einen verdammt kalten Fuß und der war zudem noch nass. Damit konnten wir zu Hause auch nicht erscheinen. Wir beschlossen, zu Oma, die bei Hilles wohnte, zu gehen. Dort zogen wir ganz brav unsere Schuhe aus, stellten sie unter den Ofen und waren plötzlich fürchterlich müde und mussten uns aufs Sofa legen und schlafen. Fürsorglich, wie Großmütter einmal sind, wurden wir natürlich gut zugedeckt und der Strumpf konnte trocknen und der Fuß wieder warm werden.

Zu dieser Geschichte paßt sehr schön das Gedicht von dem Büblein auf dem Eis, von Friedrich Güll:

Das Büblein auf dem Eise

Gefroren hat es heuer
noch gar kein festes Eis.
Das Büblein steht am Weiher
und spricht zu sich ganz leis:
„Ich will es einmal wagen,
das Eis muß doch nun tragen.
Wer weiß!"

Das Büblein stampft und hacket
mit seinem Stiefelein.
Das Eis auf einmal knacket,
und krach! schon bricht`s hinein.

Das Büblein platscht und krabbelt,
als wie ein Krebs und zappelt
mit Arm und Bein.

„O helft, ich muss versinken
in lauter Eis und Schnee !
O helft, ich muß ertrinken
im tiefen, tiefen See !"
Wär nicht ein Mann gekommen,
der sich ein Herz genommen -
o weh!

Der packt es bei dem Schopfe
und zieht es so heraus,
vom Fuße bis zum Kopfe
wie eine Wassermaus.
Das Büblein hat getropfet,
der Vater hat`s geklopfet
zu Haus.

Die Gartetalbahn

„Die Gartetalbahn fährt im Pendelverkehr von Göttingen nach Rittmarshausen und zurück". So stand es in meinem Aufsatz den Tante Fia mir 1947 vorschrieb und den ich auch willig abpinnte.

Tatsächlich war die Gartetalbahn das einzige Verkehrsmittel, das Beienrode mit Göttingen verband. Sonst gab es nur die Möglichkeit per Rad oder Pferdewagen oder zu Fuß die Strecke zu bewältigen. Fahrräder hatten damals Seltenheitswert. Ich glaube, das Fahrrad unseres Vaters hatte eine goldene Uhr gekostet. Zur Orientierung über die Preise sei erwähnt, dass der Kurs für eine Schreibmaschine ein Pfund Butter war. Das Ganze war natürlich völlig illegal und es durfte sich niemand erwischen lassen.

Immerhin waren es von Beienrode 20 km bis Göttingen. Wir wohnten verkehrsmäßig gesehen am Ende der Welt. Den Bauern machte dies nicht viel aus. Sie waren Selbstversorger und fuhren im Höchstfalle einmal im Monat nach Göttingen, um spezielle Lebensmittel zu kaufen. Alles andere stammte sowieso aus eigener Produktion. Die Flüchtlinge waren aber auf die Bahn angewiesen, da man am ehesten in Göttingen Arbeit finden konnte. Allerdings fuhr der letzte Zug schon 17:40 Uhr ab Göttingen.

Die Tour mit der Kleinbahn war immer ein Erlebnis. Fast jeder Zug war ein GmP, Güterzug mit Personenbeförderung. Damals erlebte die Bahn einen ungeheuren Aufschwung. Jeder Zug war vollbesetzt. Wenn nicht Leute vom Dorf nach Göttingen wollten, dann zogen die Hamsterer aufs Land, um irgendwelche Kostbarkeiten gegen Lebensmittel einzutauschen. Nach jeder Zugankunft in Rittmarshausen wälzte sich ein Lindwurm mit mehr oder weniger bepackten Leuten die Straße entlang.

Man musste schon sehr früh vor der Abfahrt in Rittmarshausen sein, wenn man einen Fensterplatz ergattern wollte. Das bedeutete bei 3 km zu Fuß: Wenn man zu spät dran war, ging es das letzte Stück im Galopp.

Die Tour selbst war sehr schön. Sie führte links und rechts der Garte längs, wobei es in Wöllmarshausen sogar eine eiserne Gitterbrücke über den Bach gab. Besonders reizvoll war beim Eichenkrug der Ausblick auf das kleine Fachwerkkirchlein am Waldesrand. Vorher kam die Station Waterloo, damals ein richtig spannender Name. Bei Benniehausen nahm dann die Bahn die halbe Straße ein. Bei Steinsmühle pflegte der Zug immer zu rangieren. Der Bahnhof lag direkt an einer steilen Felswand und in den Felsen waren irgendwelche Höhlen geschlagen, an denen wir beim Rangieren dann mehrfach langsam vorbeifuhren und die etwas sehr Geheimnisvolles an sich hatten.

Hinter Diemarden hielt der Zug dann auf freier Strecke, weil er hier Wasser und Holz ergänzte. Ab Garteschenke ging es dann neben der Bundesstraße nach Göttingen. Und in der Leinestraße fuhr die Bahn dann mitten auf der Straße. Dort gab es eine Schlachterei, die hatte ein großes Schild „Rinder und Schweineschlachterei". Ich habe immer gelesen „Kinder und Schweine Schlachterei" – heute kann ich etwas besser lesen. Die ganze Fahrt dauerte planmäßig fast eine Stunde. Eine halbe Stunde brauchte man für die drei Kilometer zum Bahnhof, so dass ein Vormittag fast vorbei war, ehe man in Göttingen ankam.

Dass man zu Fuß zur Bahn musste, war ein Umstand, den sich ein Flüchtling in Beinerode zunutze machte. Er hatte 2 Pferde und zwei Kutschen, die eine fasste sogar 10 Leute. Er machte mit seinen Gäulen und Kutschen einen Taxidienst zur Bahn. Da er auf dem Nebenhof wohnte, durften wir auch mithelfen, die Pferde abends an den Wegrändern grasen zu lassen. Da der Taxiunternehmer nämlich kein eigenes Land besaß, konnte er seine Pferde auch nur dort weiden lassen, wo keiner einen Anspruch darauf hatte. Normalerweise gehörte immer alles irgendeinem. Sogar die Obstbäume an der Straße gehörten der Gemeinde und wurden jedes Jahr zur Ernte öffentlich versteigert.

Die Gartetalbahn war schon eine Reise wert. Seit 1956 existiert sie nicht mehr, manche der Bahngebäude stehen heute noch und auch die Trasse ist noch gut zu erkennen. Das Gartetal selbst ist auch heute noch ein Stück Idylle. In Beienrode sind seit unserer Kindheit kaum neue Häuser gebaut worden. Die alten Höfe wurden etwas modernisiert, die Misthaufen sind weg, einige Höfe ausgesiedelt und die Straßen geteert. Es gibt Häuser, die immer noch so verkommen und verfallen aussehen wie damals. Eine Gegend, die etwas hinter dem Mond zu liegen scheint.

Die Erinnerungen meines Bruders Udo

Ich füge jetzt die Erinnerungen meines Bruders Udo ein. Er hat sie mir zu meinem 60. Geburtstag geschrieben:

Eine gemeinsame Kindheit und Jugend

Beide sind wir in Bochum geboren, Rudolf 1938 vor Kriegsbeginn, ich 1940, als unser Vater schon Soldat in Polen war.

Meine ersten konkreten Erinnerungen habe ich an die Zeit 1944 Der Krieg hatte uns nach Göttingen verschlagen, wo unser Vater als Unteroffizier Dienst tat und unsere Mutter in der Kantine zusammen mit Oma und Tanten wirtschaftete. Wir wohnten in der Kaserne.

Für uns Kinder war das eine herrliche Zeit, die Kaserne gehörte uns. Alles hörte auf unser Kommando, Soldaten und Kriegsgefangene waren nett zu uns.

In Göttingen ist Rudolf eingeschult worden.

Das Kriegsende hat uns nach Beienrode, einem kleinen Dorf zwischen Göttingen und Duderstadt, verschlagen. Über die zum Teil üble Aufnahme durch die Einheimischen möchte ich mich hier nicht auslassen. Es war schon eine böse Zeit.

Genau kann ich mich an den Einmarsch der Amerikaner erinnern. Wir lebten in einer Gesellschaft fast ohne Männer und kannten nur alte Männer und sehr junge und natürlich Kriegsgefangene und durchziehende Soldaten. Also mussten die Frauen, das waren für uns die Mutter, Tante Minchen und Tante Fia und die Oma, alles selbst besorgen. Das galt auch für die weiße Fahne, die den feindlichen Soldaten unsere friedlichen Absichten zeigen sollte. Es wurde ein krummer Brombeerast gesucht, der voller Dornen war und an den eine Babywindel gehängt wurde. Mit dieser Fahne zogen die Frauen mit uns beiden, unserem Bruder Rainer (geboren 1944) im Kinderwagen und unserem Vetter Bodo (Kind von Fia geb. 1944) in einem zweiten Wagen über die Wiesen auf einen Hof, der über einen Keller verfügte. (Es war bei Lorenz, der Keller war zu ebener Erde und man konnte auf das Geschehen draußen durchs Fenster gucken. Allerdings war dies ein gemauertes Gebäude. Alle anderen Häuser waren aus Fachwerk mit Lehm beworfen.)

Es muß ein urkomisches Bild gewesen sein, diese Karawane der Wehr- und Harmlosen. Auf dem Hof Hille hing an dem Fahnenmast, an dem zu feierlichen Anlässen die Hakenkreuzfahne gehisst wurde, ein Bettlaken. Mit den Soldaten waren wir schnell „gut Freund", bettelten um Schokolade und Kaugummi und fanden das alles gar nicht so schlimm.

Zu der Zeit hieß Rudolf noch Rolf und wurde von Tante Fia Rölfchen genannt.

Eine Begebenheit aus dieser Zeit ist mir noch sehr gegenwärtig. Bodo, der Sohn von Tante Fia und Onkel Heinz, starb als sehr kleines Kind. Er wurde in einem weißen Sarg im Haus aufgebahrt und vom Hof aus beerdigt. Rolf und ich bekamen unsere besten Anzüge an und durften direkt hinter dem Sarg gehen. Der Wagen mit dem Sarg wurde von einem schwarz behängten Pferd gezogen. Ich war ungeheuer stolz, weil alle Leute stehen blieben und den Hut zogen. Dass der kleine Bodo gestorben war, ist mir nicht bewusst gewesen.

Von Beienrode sind wir nach Kerstlingerode (ca. 2 km) in die Schule gegangen. Eine kleine Dorfschule mit zwei Klassen (1. - 4. Schuljahr und 5. - 8. Schuljahr) hoffnungslos überfüllt durch die vielen Flüchtlingskinder. Unser Vater war kurz nach Kriegsende heimgekehrt. Diese Zeit ist in meiner Erinnerung durch viel Zank und Streit unserer Eltern, erbärmliche Wohnverhältnisse, Sorgen und Not und die immer wieder erzählten Geschichten der „Alten" von Bochum, geblieben. Das Erinnern an das Paradies Ruhrge-

biet, das jetzt in Schutt und Asche lag, hielt die alten Leute aufrecht.

Wie sind wir verzweifelt an der Überheblichkeit der „Eingeborenen", selbst die Kinder zeigten uns, dass wir nicht hierhin gehörten. Die Abende waren geprägt von den Gebeten, den Erzählungen der Frauen und deren Hoffnung auf die Rückkehr ihrer Männer, durch Kartenlegen und Kaffeesatz lesen

Als unser Vater wieder da war, wurde Schnaps gebrannt. Der Topf mit den Kartoffeln stand auf dem Ofen und kochte, durch eine Rohrspirale tropfte der Alkohol heraus. Die Eltern waren weg, Rolf und ich waren allein zu Haus. Rainer lag im Kinderbett und schlief. Der Topf kochte über, wir haben abwechselnd versucht den Deckel festzudrücken, was aber nicht half. Beide hatten wir schreckliche Angst und wussten eins genau, das, was da passierte, war verboten und wir durften keine Hilfe holen. Rolf weiß bestimmt noch, wie es ausgegangen ist, ich habe es vergessen.

Zwischen Beienrode und Kerstlingerode stand als Relikt aus Kriegszeiten eine „Vierlingsflak", die zur Luftabwehr gedient hatte. Vier Geschützrohre waren auf einem drehbaren Unterteil montiert. Die Flak war wahrscheinlich unbrauchbar, aber sie ließ sich noch drehen. Hier konnten wir Kinder nach der Schule „Karussell" spielen. Eine Traube Kinder hing an den Rohren und einer von den Älteren drehte. Eines Tages wurde einer der Jungs eingeklemmt, sein Pimmelchen wurde halb abgerissen. Der arme Kerl hat vor Schmerzen fürchterlich geschrien und gejammert. Die herbeigeholten Erwachsenen haben ihn dann im Bollerwagen nach Rittmarshausen (3 km) zum Arzt gebracht, der ihm das Teil wieder annähte. Natürlich war das ganze eine Riesensensation, auch später noch. Wenn wir in der Garte badeten, natürlich nur die Jungs und natürlich ohne Badezeug, dann musste der arme Kerl seinen schief angenähten Pimmel den staunenden Kameraden zeigen.

Im Herbst 1947 sind wir nach Göttingen gezogen, ich mit Wehmut. Unsere Eltern hatten die Gaststätte „Alte Börse" an der Reinhäuser Landstraße gepachtet. Hier fing alles wieder von vorn an, neue Schule, neue Kinder, neue Umgebung und alles genauso erbarmungslos den Fremden gegenüber.

Unsere Gäste waren Flüchtlinge und Evakuierte so wie wir, Fremde unter sich.

Wir wohnten in einem großen Komplex. Metzgerei - Tankstelle - Autowerkstatt - Gaststätte, alles in einem großen Karrèe, aber zusammenhängend mit einem riesigen Hof. Der Hof stand voller defekter Autos, nach heutigem Stand die herrlichsten Modelle: DKW, Mercedes, Horch, Wanderer etc. Ein herrlicher Spielplatz für uns und die vielen Kinder, die da wohnten. Das Haus war alt, heruntergekommen und voller Ratten. (Die Ratten kamen zum großen Teil aus einem Holzschuppen, in dem die Schlachterei ihre alten Knochen aufbewahrte).

In ständigem Krieg lagen wir mit den Lehrjungen aus der Metzgerei. Wir ärgerten uns gegenseitig, wo es nur ging. Eines Tages ging es Rölfchen an den Kragen. Einer der Jungs war hinter ihm her, in schnellem Tempo über den Hof. Rolf musste verlieren und dann hätte es Schläge gegeben. Mit mir hatte der Lehrjunge nicht gerechnet, denn als die Jagd an mir vorbeiging, habe ich mit einer Latte zugeschlagen und der Knabe ging k.o. zu Boden. Natürlich haben wir uns dann tagelang nicht auf den Hof getraut.

Tante Minchen und Onkel Engelbert waren ebenfalls in Göttingen gelandet. Sie wohnten in dem ehemaligen Ausflugslokal „Kehr", das oberhalb der Stadt mitten im Wald lag und vollgestopft mit Flüchtlingen war. Da war es herrlich. Ein Steinbruch war in der Nähe, die Sternwarte, von wo aus Gauß und Weber das

Telegrafieren geübt hatten. Es gab Ponys, die sich manchmal reiten ließen. Tante Minchen war lieb und überhaupt nicht streng.
Onkel Engelbert war Kellner im KWP (Kaiser-Wilhelm-Park),
anscheinend ebenfalls ein Ausflugslokal, das jetzt als Klubheim
den englischen Offizieren diente. Es lag auf halbem Weg zum
„Kehr". Dort haben wir schöne Kurzferien verbracht.

Da ein Teil der englischen Soldaten bei uns Gäste waren, hatten
wir Kinder in den Kasernen Hausrecht. Die Wachen kannten uns,
wir durften herein, wann wir wollten, und fanden das alles un-
heimlich spannend.

Hier in Göttingen begann Rolfs große Leidenschaft, die ihn bis
heute nicht losgelassen hat – die Kirche. Rölfchens Erstkommunion stand vor der Tür, aber er war wieder einmal krank – Lungenentzündung. Ein Leiden, das ihn durch seine gesamte Kindheit
begleitet hat. Alle Medikamente und Hausmittel wurden probiert,
um den Jungen zu heilen. Nichts half, jedes Jahr kam das Übel
wieder. Unser Opa Gottfried kam aus dem Niederrheinischen, aus
Gustorf. Da glaubt man sicherlich heute noch an Zauber und Hexen. So fand unsere Oma dort eine weise Frau, die es verstand,
Rolf endgültig mit besprochenem Hundefett zu heilen, wie das
auch bei meinem Keuchhusten gewesen war.

Aber erst einmal lag Rolf im Bett, Besuch war aus Bad Salzuflen
und Bochum zu seinem großen Ereignis erschienen. Also wurde
der Pastor zu einer Hauskommunion überredet, der Ofen zu einem
Altar umfunktioniert und die Feierlichkeit fand im Wohnzimmer
statt. (Da stand nämlich auch mein Kinderbett.) Einen Haken hatte
die Geschichte: die fromme Verwandtschaft hatte wohl versäumt
zu beichten und musste so, um den Schein der Frömmigkeit zu
wahren, unwürdig das heilige Sakrament empfangen. Wir Kinder
wurden aufs eindringlichste beschworen, ja keinem Menschen davon zu erzählen.

Zu dieser Zeit begann Rolfs Karriere als Messdiener.

Unser beider Karriere als Musiker fing ebenfalls in diesen Tagen an. Unser Opa väterlicherseits war leidenschaftlicher Musiker, Autodidakt und unerbittlich. Wir mussten dem Opa bei seinen Besuchen vorspielen. Unsere Talente hatten wir anscheinend von unserer Mutter geerbt, die nicht einmal singen konnte. Es war schrecklich! Ich habe mich vor den Besuchen gefürchtet und den Mann gehasst, der auch sonst nicht sehr liebenswürdig war. Zu der Furcht kam auch noch das cholerische Gemüt des Opas hinzu, der sich dann in Rage redete. Er zählte zu unserem Spiel den Takt „Erste, zweite, dritte, vierte etc." und wenn er immer wütender wurde, ging das dann so „Erste, zweite, dreite …" Aufgeatmet habe ich erst dann, wenn der Opa im Zug saß und nach Bad Salzuflen zurückfuhr.

Aus Bad Salzuflen kamen auch Tante Thea und Onkel Fritz. Tante Thea war unbestritten die Lieblingstante. Sie hatte selbst keine Kinder und tat für uns viel. Onkel Fritz war Schäfer und beide lebten in Bad Salzuflen, vor den Toren der Stadt in der Masch. Da war alles, was ein Kinderherz begehrt. Ein Schafstall mit Heuboden, Schweine- und Ziegenstall, eine nicht sehr ordentlich eingebaute Wohnung, eine Kornkammer, in der im Winter der Schäfer schlief, eine Ziegelei hinter dem Haus, Flüchtlingskinder, die mit ihren Eltern in Gartenhäuschen lebten, die Kläranlage, wenig Aufsicht, es war alles das, wonach man sich als Kind sehnt. Herrliche Ferientage, in denen man sich nicht waschen musste. Ein Problem war das Essen. Tante Thea nahm es mit der Sauberkeit nicht so genau und so bekam man schon einmal im Wirsing die Ohrenkneifer serviert und Onkel Fritzs Bemerkung dazu „Iß ment, das schadet nicht." Wir konnten Schafe hüten, wir lernten auf dem schweren Rad von Onkel Fritz Radfahren, wir zankten uns mit dem Schafbock, wir mussten die Ziegen anpölen, wir hassten Ziegenmilch und aßen trotzdem den Pudding aus Ziegenmilch, wir spielten mit den Kindern aus der Nachbarschaft, wir bewunderten die Wohnungen der Obdachlosen, weil die Kohlen gleich neben dem Herd lagen, wir ließen am Wochenende die Loren der Ziegelei in die Teiche rollen und durften uns bis mittwochs nicht bei den Ziegeleiarbeitern blicken lassen, wir halfen bei der Heuernte und beim Dreschen, wir bekamen die Ohren erst wieder gewaschen wenn Mutter uns abholen wollte. Es war einfach herrlich!

Da wir beide zuviel für Tante Thea waren, mussten wir uns die Ferien teilen, jeder drei Wochen.

In Göttingen kam Rudolf auch aufs Gymnasium. Eine Geschichte aus der Zeit der Währungsreform muss noch erzählt werden. Über die Währungsrefom hatten unsere Eltern einen Sack Trockenspinat gerettet, den von da an natürlich niemand mehr haben wollte. Es war für mich faszinierend zu sehen, wie mit der Reform von einer Stunde zur anderen alles wieder zu haben war. Die Schaufenster waren voll mit den unglaublichsten Sachen, die wir Kinder nie gesehen hatten und die es zu kaufen gab – nur hatte niemand das Geld. Für den Sack Trockenspinat wollte aber niemand Geld, der sollte nur weg. Einer der Gäste wollte seinem Schwiegervater – der eine Ziege besaß – einen Gefallen tun und ihm den Sack als Ziegenfutter mitnehmen. Gesagt, getan, den Sack geschultert und abends in den Ziegenstall gestellt. Am nächsten Morgen große Aufregung – die Ziege wurde immer dicker, der Bauch ging auf wie ein Hefekuchen. Der Schwiegervater war verzweifelt und wusste nicht, was das brave Tier für ein Leiden hatte. Der Schwiegersohn musste beichten, dass die Ziege wohl unkontrolliert den Trockenspinat gefressen hatte, der dann mit Wasser vermischt aufging. Die Ziege musste notgeschlachtet werden und der Schwiegersohn hatte die Hölle auf Erden.

Leider bin ich wegen „Redaktionsschluss" nicht zu Ende gekommen. Der Rest dann zum 70ten.

Gasthof „Alte Börse", Göttingen, Inh. Aug. Ahlbrecht

Den Gasthof „Alte Börse" in Göttingen konnte Vater
Schlüter 1947 pachten. Die Familie zog hierher um.

Die Eltern Josef und Christel Schlüter zur Eröffnung der
gepachteten Gaststätte „Alte Börse", Göttingen, 15.06.1947

Bochum 1951-1959

Die Heimat Bochum hatte uns 1951 wieder. Vater Schlüter
konnte hier eine Gaststätte pachten und die „Alte Börse", die er in
Göttingen bewirtschaftet hatte, bekam einen neuen Pächter. Damals stand kaum eine Kneipe leer. Entsetzt über Bochum war ich
nicht. Ich wusste ja, dass ganze Strassenzüge auch in der Innenstadt noch in Trümmern lagen. Auch war klar, die Wohnverhältnisse waren überaus beengt. Dazu kam, dass meine Großeltern
Anna und Gottfried Nüchter mit ins Geschäft einstiegen und wir
nun mit einem Schlafzimmer und einer großen Wohnküche aus-
kommen mussten.

Für mich begann aber die Schwierigkeit mit der Schule. In Göttingen war ich auf dem Gymnasium mit Englisch angefangen und
im siebten Schuljahr kam Latein hinzu. In Bochum gab es kein

Jungengymnasium, das mit Englisch anfing. Das hieß also – zwei Jahre Latein nachholen. Der Nachhilfeunterricht dauerte immerhin ein Jahr.

Weiterhin waren die zerstörten Bochumer Schulen noch nicht wieder aufgebaut und so hatten wir Schichtunterricht: Eine Woche vormittags, dann eine Woche nachmittags. Jeder Klassenraum war besetzt, sogar die Kellerräume. Und dann gab es noch die sogenannten Wanderklassen, die keinen eigenen Klassenraum hatten. Sie belegten die Schulräume, deren Klassen sich gerade in irgendwelchen Fachräumen befanden. Das war schon eine irre Sache.

Auch war es ein gewaltiger Unterschied zu Göttingen. Hier ein achtzig Jahre alter Kasten als Schule mit entsprechenden Fachräumen und in Göttingen hatte ich das Modernste vom Modernen erlebt. Das Hallenbad in Bochum war noch Ruine und so fuhren wir im 8. Schuljahr samstags nach Gelsenkirchen ins Hallenbad zum Schwimmunterricht. Das war immer eine abenteuerliche Reise. Ein Sonderwagen der Straßenbahn hätte den normalen Fahrpreis nach Gelsenkirchen voll gekostet. Im fahrplanmäßigen Zug bekamen wir aber Ermäßigung. Das bedeutete aber ein knallvoller Wagen, wenn über 50 Jungen am Hauptbahnhof in Gelsenkirchen in den Wagen drängten. Mehr als einmal hingen wir auf den Trittbrettern. Denn der Zug war schon über eine halbe Stunde unterwegs und entsprechend besetzt. Aber wir haben das Ganze überlebt.

Auch hatte der Schichtunterricht durchaus angenehme Seiten. 1953 wurde das neue Hallenbad eröffnet und wenn wir Nachmittagsunterricht hatten, waren wir schon morgens um sechs Uhr in der Schwimmhalle und konnten bis neun Uhr bleiben. Die Bademeister kannten uns und am Einlaß wurde erst ab neun Uhr kontrolliert. Das Gute daran war auch noch, das samstägliche Bad in der Zinkwanne fiel endlich weg.

Was den Unterricht anbelangt, so war das Lehrerkollegium sehr gemischt. Erstklassig und teilweise miserabel. Ich habe mit 80 Jahren einmal eine Tabelle aufgestellt und die guten und schlechten Lehrer, die mir in Erinnerung noch waren, notiert. Die Anzahl war fast gleich. Besonders sind mir da zwei Deutschlehrer im Gedächtnis geblieben, die mir den Spaß an Deutsch sehr vermiest haben.

Ab 1953 war ich dann auch in der katholischen Jugend aktiv und wir konnten mit ca. 15 Mann den Jugendladen in der Pfarrei umkrempeln. Und ich fand mich 1958/59 sogar als Pfarrjugendführer wieder. Mit zehn Jungen hatten wir unsere eigene Gruppe – die Morusgruppe und heute sind wir nur noch drei, aber der Kontakt ist nicht abgerissen.

Natürlich durfte zu Hause die Gastwirtschaft nicht zu kurz kommen. Und so hatten mein Bruder Udo und ich feste Dienstzeiten, wo wir da sein und mithelfen mussten.

„Denk ans Geschäft" war das geflügelte Wort, das wir immer wieder zu hören bekamen. Heute ist mir klar, ich habe in dem Gaststättenbetrieb so einiges fürs Leben gelernt.

Als Erstes ist mit klargemacht worden – jeder, der zur Tür hereinkommt, ist Gast und wird als Gast behandelt. Dabei ist es egal, ob er nur einen Blaumann oder Schlips und Kragen trägt.

Zweitens habe ich durch die Zeit hinter der Theke den Respekt vor Dienstgraden und Titeln verloren. Ich habe etliche Leute mit Rang und Titel erlebt, die sich im betrunkenen Zustand nicht benehmen konnten. Für mich war später immer klar - in dem Massanzug oder Blaumann steckt ein ganz normaler Mensch.

1959 war es dann soweit, das Abitur stand vor der Tür. Auch war der Jahrgang 1938 gemustert worden und die Wehrpflicht stand an. Meine Klassenkameraden Peter und Riedel und ich hatten keine Lust, irgendwo als Stoppelhopser oder Panzerfahrer zu landen, aber es gab eine Möglichkeit, zur Marine zu kommen.

Die Marine hatte damals nur Freiwillige. Allerdings gab es eine Ausnahme. Alle halbe Jahr stellte sie eine Kompanie „Reserveoffiziersbewerber" als Wehrpflichtige für 18 Monate ein. Davon war das letzte halbe Jahr dann Freiwilligenstatus. Damit hatte man als Kadett auch Anspruch und Chance auf eine Auslandsreise. Peter und ich unterschrieben, machten eine Eignungsprüfung in Wilhelmshaven und wurden genommen.

Anfang März bestanden wir unser Abitur und am 1. April 1959 saßen wir dann im D-Zug nach Hamburg, um bis 18 Uhr in Glückstadt in der Kaserne zu sein.

Über den Autor

Militärischer Werdegang

1.4.59   Eintritt als Wehrpflichtiger in die Marine
1.7.59   Beginn der Berufsoffiziersausbildung
1.4.61 - 1.10.61   Fliegerische Ausbildung auf den Schulflugzeugen Typ Piper L 18 und Piaggio
15.11. - 31.12.61   Hilfszugführer an der Marineunteroffizierschule MUS in Plön
1.1.62 – 31.3.62   Fernmelde- und Ortungs-A-Lehrgang an der Marinefernmeldeschule in Flensburg und der Marineortungsschule in Bremerhaven; anschließend Zugführer in der Bootsmanns- und Maatenausbildung an der MUS
1.10.62 – 31.12. 62   Russisch-A-Lehrgang am Bundessprachenamt in Euskirchen
1.1.63 - 31.3.64   Wachoffizier auf KM-Boot „Fulda"
1.4.64 - 31.3.65   Einsatz in der Fernmelde-Aufklärung: MFmGrp 71 und MFmAbschn. 7 (Zugführer in der Erfassung, Hilfsauswerter, Vorauswerter, Bordeinsatzleiter auf Messboot „Trave")

Ab 1.4.65   Pädagogikstudium in Essen und Flensburg, 1968 abgeschlossen mit der 1. Staatsprüfung für das Lehramt an Volksschulen. Diverse Wehrübungen beim MFmAbschnitt 7

1.3.69   Wiedereintritt in die Marine. Dezernent Sprechfunk-Auswertung beim MFmA 7

1970/71   Führungsdienst „B" Lehrgang Teil Fernmelde

1972   Lagezimmeroffizier MFmStab 70

1973   DV-Spezifikation für den Bereich COMINT; Entzifferungsausbildung; Wiederholung Russisch „A"

1.4.74 - 15.11.86   Dezernent Entzifferung

15.11.86 - 30.9.92   Fachleiter für Tastfunk- und Sprechfunkerfassung an der Marinefernmeldeschule MFmS, Flensburg

30.9.1992   Pensionierung

Nach der Pensionierung

Nach meiner Pensionierung habe ich so einiges ins Leben gerufen:

Bis 1998 habe ich einen Partyservice betrieben, unter dem Motto: „Ihr Fest – mein Problem".

Ab 1992 kam die Organisation der Modellbahnbörsen in Flensburg und Tarp hinzu. Erst mit 75 Jahren habe ich das aufgegeben.

Von 1999 - 2009 habe ich mit Werner Schillies (Leiter der Kreismusikschule Satrup) die Konzertreihe „jugend im konzert" organisiert und wir haben im Jahr vier Konzerte für Jugendliche veranstaltet.

Von 2013 - 2023 war ich mit im Vorstand des Orgelbauvereins Grundhof und habe weiterhin für die Organisation und Moderation der Konzerte gesorgt.

Aber alles wird weniger und so sorge ich mich nur noch um einen Seniorenkreis und mache ab und zu eine Kirchenführung in meinem Wohnort Grundhof.

Wappen der Sudetendeutschen Landsmannschaft, 1950
Reichsadler und Kreuz des Deutschen Ordens.
Im Brustschild die Flagge der Sudetendeutschen
Schwarz – Rot – Schwarz (in Trauer abgedecktes Gold)
und das Gitter aus dem Stadtwappen Egers,
als Zeichen der Bedeutung des Egerlandes
für die Sudetendeutschen..

Meine Kindheit und Jugend

Herkunftsheimat – Kriegszeit – Vertreibung – Neustart
Von Herwig Heisler

Mein Elternhaus

Meine Vorfahren der letzten etwa 300 Jahre sind alle in Böhmen, zumeist deutscher Sprache, vereinzelt aber auch im tschechischen Sprachraum, zu finden. Die Heisler-Großeltern väterlicherseits waren Gastwirte in Tetschen an der Elbe, der Walda-Großvater mütterlicherseits stammte aus Böhmisch Leipa und war „Gymnasialprofessor" – wie das in Böhmen gemäß österreichischer Tradition hieß – am Tetschner Gymnasium. Die Heislers hatten vier Söhne, deren Ältester, Dankwart, mein Vater ist. Meine Mutter, Hiltraut, geborene Walda, hatte noch einen älteren Bruder.

Vater Dankwart besuchte die Volksschule, schloss danach das Staatsoberrealgymnasium in Tetschen 1924 mit der Matura (Reifeprüfung, Abitur) ab und belegte anschließend einen einjährigen Abiturientenkurs an der Aussiger Handels-Akademie. Dankwarts ursprüngliche Absicht, sich bei einer Hamburger Reederei als Volontär zu bewerben, zerschlug sich durch den Konkurs der Reederei. Deshalb begann er 1926 in der Redaktion des Nordböhmischen Tagblatts in Tetschen seine journalistische Laufbahn, während der er bis 1940 alle Sparten der redaktionellen Arbeit durchlief und schließlich 1939 stellvertretender Chefredakteur wurde.

Mutter Hiltraut lernte nach Absolvierung von Volks- und Bürgerschule den Beruf der Damenschneiderin. An diese Lehrzeit, die sie mit dem Gesellenbrief abschloss, erinnerte sie sich stets gern, zumal sie das Gelernte als Ehefrau und Mutter sehr gut umzusetzen wusste.

Am 1. Oktober 1935 heirateten Dankwart und Hiltraut. Am 25. Juli 1936 wurde Diether als erster Nachkomme geboren. Die junge Familie wohnte in Tetschen in der Heldenstraße im dritten Stockwerk eines Mietshauses. Auf dem Heldenplatz neben der Straße stand damals ein Denkmal zum Gedenken der Gefallenen des Ersten Weltkrieges.

Tetschen Schloss

Die historische Stadt Tetschen unterhalb des Schlosses am rechten Elbufer wurde am 1. Oktober 1942 mit Bodenbach, das links der Elbe als aufstrebender Industriestandort erst 1901 zur Stadt erhoben worden war, zur Doppelstadt Tetschen-Bodenbach mit rund 36.000 Einwohnern zusammengeschlossen. Nach Ende des Zweiten Weltkrieges und Vertreibung fast aller deutschen Einwohner führt das gesamte Gebiet der Doppelstadt heute den tschechischen Namen Děčín.

Entwicklung von Haltungen und Werten
meiner Eltern und Großeltern

Die Heisler-Großeltern betrieben gemeinsam die Gastwirtschaft „Zur Hölle" in Tetschen. Der provokante Titel der Gastwirtschaft dürfte auf Großvater Carl zurückgehen, der wahrscheinlich damit zeigen wollte, dass die „Hölle" beliebter Treffpunkt von Studentenverbindungen war. Damals wurde nicht nur in den Gasthäusern noch viel gesungen, und Dankwart sang gern Studentenlieder und schloss sich als Schüler der B.V. Teutonia an.

Als die Gastwirtschaft 1924 wegen wirtschaftlicher Schwierigkeiten in Insolvenz geriet, versuchten Dankwart und Bruder Roland die „Hölle" zu retten, konnten aber letzten Endes eine Zwangsversteigerung nicht verhindern. Für die Heislerfamilie war der Konkurs und die Zwangsversteigerung der Gastwirtschaft „Zur Hölle" ein schmerzlicher Einschnitt, den vor allem der „eingeheiratete" Vater Carl-Maximilian als persönliche Katastrophe empfand. Er hatte zwar danach eine Anstellung als Lagerist im Tetschner Elbehafen, verstarb aber bereits am 15. Dezember 1931 im 54. Lebensjahr.

Diese Zeit nach dem Ersten Weltkrieg mit der Gründung der Tschechoslowakei und der Weltwirtschaftskrise prägte Dankwart's und Hiltraut's Einstellungen und Wertmaßstäbe. Erzogen in völkisch-nationalem Geist erlebten sie schmerzlich die Abqualifizierung der Deutschen als Minderheit in dem nationalistisch regierten, sogenannt demokratischen Staat Tschechoslowakei, dem es nicht gelang, gleiche Lebensverhältnisse für alle Staatsbürger herzustellen. Im öffentlichen Leben provozierten die Maßnahmen der tschechoslowakischen Regierung (z.B. Benachteiligung der deutschen Schulen, keine Staatsaufträge an deutsche Firmen, Assimilierungdruck) einen Widerstand der deutschsprachigen Bevölkerung, der sich im neuen Sammelbegriff „sudetendeutsch" äußerte, in der „Sudetendeutschen Heimatfront", später „Sudetendeutschen Partei" seinen politischen Ausdruck fand und in der Sudetenkrise 1938 ihren Höhepunkt hatte.

In jungen Jahren hatte sich Dankwart dem „Bund der Deutschen" angeschlossen, war Mitglied im deutschen Turnverein und dem Ruderklub „Carolus" und kam in der „Hölle", die Stammlokal verschiedener Studentenverbindungen war, mit der burschenschaftlichen Geselligkeit in Verbindung. Das frohe, ungebundene und national geprägte Studentenleben, die freiheitlichen Bestrebungen im „Vormärz" des frühen 19. Jahrhunderts und das studentische Liedgut prägten seine Einstellungen. Monarchistischen wie absolutistischen Strukturen und kirchlicher Hierarchie stand er skeptisch bis ablehnend gegenüber. Mit einigen Gleichgesinnten hatte er während der Weltwirtschaftskrise eine Arbeitsgemeinschaft der Tetschner Vereine und mit dieser in der Zeit der katastrophalen Arbeitslosigkeit zu Beginn der dreißiger Jahre einen freiwilligen Arbeitsdienst zur Beschäftigung arbeitsloser Jugendlicher gegründet. Politisch wirkte er in der Grenzlandjugend der Deutschen Nationalpartei, wobei er allerdings jede nationale Überheblichkeit strikt ablehnte. So war für ihn der 1938 von Hitler erzwungene Anschluss des Sudetenlandes an das Deutsche Reich zunächst eine Befreiung, die er als Mitarbeiter an dem Buch des Kreisleiters Schaffer „Heimat in großer Zeit" begrüßte und sogar der NSDAP beitrat. Andererseits war für ihn das erlassene Verbot aller deutschen Vereine im Sudetenland mit Einziehung ihres jeweiligen Vermögens und die Übernahme der Redaktionsleitung des Nordböhmischen Tagblatts durch die Nationalsozialisten eine herbe Enttäuschung. („Watt, ihr redet hier deutsch? Ihr seid doch ‚Schechen'!" So „kompetent" führten sich die neuen Herren in der Redaktion der Tetschner Zeitung ein!) Lediglich als „linientreu" geltende Vereinigungen, wie die sudetendeutschen Turner, wurden samt ihrem Vermögen in die entsprechenden NS-Organisationen eingegliedert. Dies alles empfand Dankwart als „ersten Nacken-schlag" (so nannte es Vati) für seine deutsch-nationale Einstellung.

Mit der Besetzung der „Rest-Tschechei" im März 1939, womit Hitler sein Versprechen von 1938 brach – als er behauptet hatte, dass der Anschluss des Sudetenlandes seine letzte territoriale For-derung sei – folgte die nächste Enttäuschung für Dankwart, der diesen „Einmarsch" als schweren Fehler bezeichnete, dies aber redaktionell nicht zum Ausdruck bringen durfte („2. Nacken-schlag"). Deshalb bereute er offenbar schon zu dieser Zeit seinen Eintritt in die NSDAP und lehnte das Angebot seines Chefs ab, in die Redaktion der Sudetendeutschen Zeitung nach Reichenberg zu wechseln. Ein am 27.09.1939 ausgestellter und ein Jahr gültiger Personalausweis des Deutschen Roten Kreuzes weist ihn als DRK-Wachtführer aus – also muss er wohl bereits nach dem Anschluss des Sudetenlandes auch dem DRK beigetreten sein.

Da Vati Dankwart meinte, er könne seinem Vaterland besser an der Front als in der Heimat dienen, meldete er sich 1940 freiwillig zum Kriegsdienst, wurde gemustert und dabei auch „rassisch ver-messen": Als Besitzer eines „ostischen Rundschädels" entsprach er nicht dem Idealbild des deutschen Soldaten, wurde nach Wunsch im Oktober zur Marine eingezogen und strebte keinerlei mili-tärische Karriere an; schließlich war er ja bereits 35 Jahre alt, verheiratet und damals bereits Vater zweier Kinder (Diether *25.07.1936, Herwig (ich) *10.01.1940). Seine militärische Grundausbildung leistete Dankwart in Cuxhaven und wurde da-nach der Marine-Nachrichtentruppe in St. Nazaire an der französi-schen Loire-Mündung zugeteilt. Bei dieser Einheit hatte er Nach-richten aus dem Führer-Hauptquartier seinen Vorgesetzten zu übermitteln und dürfte so meistens über die wirkliche Lage an den Fronten informiert gewesen sein. Sein Briefwechsel mit der Fami-lie in der Heimat ist deshalb mit Sicherheit streng überwacht worden. Der Stützpunkt und die Stadt St. Nazaire waren wiederholt Ziel von Luftangriffen, so auch im März 1942, als bei einem Kommandounternehmen der Engländer der Zerstörer „Campbeltown" das Schleusentor rammte und Stunden später explodierte. Bei der Explosion weiterer Zeitzünderminen kamen drei befreundete Kameraden von Vati, der zu dieser Zeit – Gott sei Dank! – Heimaturlaub hatte, ums Leben. Weitere Luftangriffe galten den Städten Nantes und St. Nazaire, der U-Boot-Stützpunkt aber blieb weitgehend unversehrt. Bei der Invasion der Alliierten ab Juni 1944 umgingen die Invasionstruppen die „Festung St. Nazaire" und riegelten sie lediglich von den deutschen Verbindungen ab.

Dieser Zustand änderte sich nicht bis zur bedingungslosen Kapitulation der deutschen Wehrmacht am 8. Mai 1945, Vati's vierzigstem Geburtstag. Als Hauptgefreiter und „Unteroffiziersdiensttuer" musste er auf Befehl des Festungskommandanten der angetretenen Besatzung die bedingungslose Kapitulation verkünden. Nach Vati's Erzählung hatten sich einige der Führer erschossen und keiner der übrigen Vorgesetzten war weder willens noch in der Lage, die Kapitulation der Truppe zu verkünden. Dieses Verhalten der NS-Führer war in seinen Augen der Bankrott des für Nationalsozialisten grundlegenden „Führerprinzips". Wahrscheinlich schon während seines Militärdienstes legte er eine Sammlung von Zitaten aus wesentlichen Werken geschätzter deutscher Dichter in einem kleinen Oktavheftchen an. Besonders F. Hölderlin, J.W. Goethe, F. Schiller und E. Mörike sowie M. Claudius, T. Storm, H. Löns, P. Rosegger, L. Uhland und C.F. Meyer, aber auch H. Pestalozzi und Angelus Silesius sind da vertreten.

Meine Erinnerungen

Während Vati's Militärzeit im Kriege, also zwischen 1941 und 1945, erinnere ich mich vor allem an Spaziergänge mit Walda-

Großvati, bei denen er als ordnungsliebendes Vorbild alle noch so kleinen Papierschnipsel am Wege mit der Spitze seines Spazierstocks im Boden versenkte. Besonders nach seiner Pensionierung (1940) war er gern mit uns unterwegs. Vati hatte laut Soldbuch insgesamt sechsmal Heimat- oder Erholungsurlaub. Nach seinem 5. Heimaturlaub wurde am 16.02.1944 unsere Schwester Siegrun geboren, die die Notzeit von Kriegsende und Vertreibung gottlob fast unbeschadet überstand. Ihr Name sollte wohl den Sieg des Lebens über den tödlichen Krieg symbolisieren, was aber leicht mit dem damals propagierten und verfehlten „Endsieg" verwechselt werden konnte. Deshalb schrieb die Familie ab der Nachkriegszeit ihren Namen „Sigrun", wie sie selbst sich auch künftig nannte. Für uns war sie immer unsere „Runi". Die Zeiten mit Vati waren für unsere Familie samt Großeltern

Vati im Mai/Juni 1943 auf Heimaturlaub mit Diether (oben) und mir (unten), als Pfeifenraucher

Tage frohen Wiedersehens, die wir auch zu kleinen Ausflügen in die Umgebung nutzten.

An die Wohnung unserer Familie in der Heldenstraße in Tetschen kann ich mich kaum erinnern, lediglich an das Treppenhaus, in dem ich mir bei einem Fliegeralarm eine Platzwunde an der rechten Augenbraue zugezogen hatte. Außerdem erinnere ich mich an das Anprobieren von Gasmasken für den Ernstfall und an eine Ritterfigur in der Wohnung unserer Walda-Großeltern, die unweit von uns in Tetschen wohnten, denn wir spielten mit dem aufklappbaren Visier der Figur. In den letzten Kriegstagen brannte nach einem Fliegerangriff auf Tetschen eine Villa in dem Viertel oberhalb des Heldenplatzes jenseits der Bahngeleise. In den Sommermonaten waren wir einige Male auf Sommerfrische in Ohlisch, wo unsere Eltern geheiratet hatten.

Als französischer Kriegsgefangener hatte Vati zunächst bei der „Deminage", der Räumung von Landminen mitzuwirken, was einigen seiner Kameraden das Leben kostete. In der Nähe von Colmar arbeitete er dann beim Bauern Gaston Meyer in Guèmar in der Landwirtschaft und unternahm im September 1947 mit einem Kameraden einen missglückten Fluchtversuch über den Oberrhein, der ihm 1-2 Wochen „Bunker" in Straßburg einbrachte. Anschließend war er in der Nähe von Mulhouse/Mühlhausen im Elsass wieder als Helfer in der Landwirtschaft eingesetzt

Während der Zeit seiner Kriegsgefangenschaft schrieb Vati zwischen Mai 1946 und 1948 seine Gedanken mit Vorliebe in Reimform nieder und versah sie meistens auch mit dem Datum. Diese Gedichte sind für uns, seine Nachkommen, sehr aufschlussreich und geben uns Einblick in Vati's Einstellungen und Werte, die er so seinen Kindern und Enkeln übermitteln wollte. All diese Gedichte und Sinnsprüche habe ich im Original eingescannt und in lesbarer Schrift festgehalten.

Hier zwei Beispiele:

Neujahr

Das Alte vergeht,
ein Neues bricht an:
Such deinen Weg
wie's alle vor dir getan,
rühre dich und bleib unverzagt,
gewinnen kann nur einer, der wagt -
und regst du dich munter auf See wie an Land,
dann nimmt auch der Herrgott dich bei der Hand.

Aus dem Gedicht:

An meine Kinder !

Nach dem unglücksel'gen Krieg
durch der Feindesmächte Sieg,
der uns wehrlos, arm gemacht –
in Gefangenschaft gebracht –
führt uns Deutsche das Geschick
wieder zu uns selbst zurück.

Ob ihr trauert oder springt,
weint vor Glück, im Leide singt,
wißt, in Freude und in Not
von Geburt an bis zum Tod:
Niemals seid ihr ganz allein,
weil gebunden euer Sein
an die Kette, die sich zieht
unzerreißbar, Glied an Glied,
von der Schöpfung Ursprungszeit
bis in alle Ewigkeit.

Was ihr schafft für euch allein
ist wohl nötig, muß auch sein,
doch verdient's nicht Lob noch Dank
und ist gar nicht von Belang.
Lebenswert und wahrhaft gut
ist, was ihr für andre tut!

Nützet drum den Augenblick,
eures Lebens kurzes Glück;
keiner ahnt, wie lange währt,
was auf Erden ihm beschert:
Tief, nicht bloß ein eitler Schein,
wesenhaft sei euer Sein!
Liebend opfern macht euch reich
und den Besten von euch gleich.
Seid so, daß man zeigt einst nur
eures Lebens goldne Spur!

Mutig, ehrfurchtsvoll und treu
immer euer Handeln sei!
Mutig in des Schöpfers Sinn
ist, wer gläubig sich gibt hin
mit des Staubkorns ganzer Stärke
seiner Allmacht großem Werke.

Ehrfurcht habt, sie tut euch not
vor dem Leben wie vor'm Tod,
vor der Väter Tat und Kraft,
vor dem Erben, der einst schafft',
vor des Herren ew'gem Reich –
dann ist immer Gott mit euch!

Treue ist des Daseins Kern,
unsres Lebens heller Stern,
sie ist Maß und sie nur ehrt,
gibt der Tat erst ihren Wert.
Was ihr tut und was ihr laßt,
ob ihr liebet oder haßt,
denkt, daß im Geschlechterreigen
ihr euch müsset würdig zeigen:
Bleibet treu in Glück und Not,
in euch suchet unsern Gott!

D. H., Künheim, 10.07.1946

Schicksal der Familie

Bei Kriegsende konnten „Saboteure" eine Sprengung der Tetschner Elbebrücke verhindern. Doch eine motorisierte deutsche Einheit blieb in der engen Bensner Gasse in Nähe des Tetschner Marktplatzes liegen und zündete ihre Fahrzeuge an, wodurch die Häuser beiderseits der Gasse auch Feuer fingen und niederbrannten. Eine russische Einheit besetzte Tetschen. So zogen in den ersten Tagen nach Kriegsende Russen plündernd und vergewaltigend

Tetschen Rathausplatz, 2023

durch die Häuser, was zu vielen Selbstmorden führte. Bei den Friedhöfen in Tetschen und Bodenbach wurden Massengräber ausgehoben, in denen allein in Tetschen zwischen 300 und 400 Opfer jeden Alters verscharrt wurden – viele davon in Listen als „unbekannt" vermerkt. In Bodenbach dürften noch einmal so viele Opfer genauso wie in Tetschen „bestattet" worden sein.

Unsere Familie musste mit Mutti, unseren zwei Großmüttern und mit Diether, mir und Runi im Kinderwagen im Rahmen der ersten, „wilden" Vertreibung bereits am 22. Juni 1945 die Tetschner Wohnung verlassen und wurde nach Abnahme aller Wertgegenstände zu Fuß und nach Leibesvisitationen an der nahen Grenze – 15 km von Tetschen / Děčín – nach Sachsen in den Rest des Deutschen Reiches getrieben. Ich bewundere noch heute unsere Mütter, die uns Kinder vor den schlimmen Ereignissen wie Vergewaltigung, Raub, Mord und Totschlag und den Leibesvisitationen – vor allem der Frauen – abzuschirmen wussten. Mein Bruder Diether hatte mit seinen neun Jahren schon etwas mehr als wir Kleinen mitbekommen, sprach darüber aber nie.

Großvati Moritz Walda war einige Tage zuvor von der tschechischen „Hilfspolizei" zu einem Verhör abgeholt worden und nicht wieder aufgetaucht. Wahrscheinlich war er von einem „lieben Kollegen" des Lehrerkollegiums am Tetschner Gymnasium als deutschnational bewusst denunziert worden.

Zusammen mit den zwei Großmüttern konnte Mutti Hiltraut mit Diether, mir (Herwig) und Sigrun im Kinderwagen, auf einem Elbe-Dampfer vom Grenzort Schmilka bis Pirna gelangen. Dort fanden wir in einer Schule ein Nachtlager. Am 24. Juni gelangten wir wieder per Dampfer nach Dresden und verbrachten eine Nacht am Elbekai. Von dort sahen wir die schwarzen Ruinen der Stadt, die finster und bedrohlich bis heute meine Erinnerungen an Dresden überschatten. Vom Elbekai ging es weiter per Bahn nach Riesa, und von dort zogen wir zu Fuß weiter. Immer wieder boten uns mitleidige Mitmenschen kleine Hilfen an, wie z.B. eine Frau, die dem Diether zurief: „Bübsche, magst e Zucker-Butter-Bemm?" Nach einem nochmaligen Stückel mit der Bahn Richtung Berlin oder auch Greifswald, wo Mutti und die Großmütter Verwandte vermuteten, fanden wir in einem ehemaligen Arbeitslager für zwei Tage wenigstens ein Dach über dem Kopf, zumal es heftig regnete.

Am 29. Juni kamen wir zu Fuß nach Beyern (bei Falkenberg/Elster), wo wir für drei Tage in der Grabenmühle unterkamen. Die Bäuerin hätte uns gerne behalten, da auch ihr Mann in St. Nazaire gewesen war. Leider konnte Mutti aber nicht die Kühe melken und diese Kunst nicht so schnell erlernen. Weiter ging es nach Herzberg, für zwei Nächte in einem ehemaligen Polenlager und im evangelischen Schwesternhaus. Bei der weiteren Suche nach einer Bleibe und Arbeit kamen wir über Schweinitz, Lindwerder, Glücksburg und Göllsdorf am 9. Juli nach Zellendorf. Dort konnten wir endlich auf Günthers Gutshof eine vorläufige Bleibe in einer Stube und Arbeit finden.

17 Tage lang waren wir durch Sachsen und Sachsen-Anhalt meistens zu Fuß unterwegs gewesen. Dieser Fußmarsch ist mir als großes Abenteuer in Erinnerung: Während unserer Suche nach einer Bleibe kann ich mich noch lebhaft an das Kochen auf improvisierten Feuerstellen aus zwei Ziegelsteinen am Straßenrand erinnern. Auch das Betteln um Milch für unsere „Runi" an vielen Türen war mir eine frühe Lehre der Menschenkenntnis. In Zellendorf wurden uns zwei Zimmer mit Küche zugewiesen, aber Anfang Oktober mussten wir in eine Dachbodenwohnung im Herrenhaus der Gutsbesitzer Günther umziehen.

Ende August hatte Walda-Großmutti Auguste („Gusti") in Herzberg zufällig auf der Straße ihren Mann, Großvati Moritz, getroffen, der nach seiner Inhaftierung in Bodenbach oder in den Kellerräumen des Tetschner Schlosses im Mai / Juni 1945 noch einmal in die verlassene Wohnung gelangen und einige Dokumente retten konnte. Er war nach Deutschland abgeschoben worden und für drei Wochen im Krankenhaus in Herzberg gelandet. So kam er zu uns nach Zellendorf und die Familie konnte am 13. September in sehr bescheidenem Rahmen seinen 70. Geburtstag feiern. Nachdem Walda-Großvati Ende November wieder wegen einer nötigen Blasenoperation (wahrscheinlich Prostata) ins Krankenhaus nach Herzberg musste, kam er um Weihnachten wieder zur Familie. Am 16. Feber 1946, Sigrun's zweitem Geburtstag, ist Großvati Moritz abends um 20:45 Uhr verstorben. Er wurde auf dem Zellendorfer Friedhof beerdigt.

Zeit der Trennung

Nach den Sommerferien 1946 wurde ich in Zellendorf eingeschult und am 5. Oktober 1946 zusammen mit Schwester Sigrun in der evangelischen Kirche in Zellendorf von einem Jesuitenpater getauft – eine Taufe, an die ich mich noch erinnern kann. Heisler-Großmutti (streng katholisch) notierte: „Nun haben die Kinder endlich auch wieder Religionsunterricht und wachsen nicht wie die Wilden auf." Meine Eltern hatten sich wahrscheinlich in der Kriegszeit von der katholischen Kirche abgewandt und bezeichneten sich als „gottgläubig". Ich war in Zellendorf also wie meine Schwester noch nicht getauft gewesen.

Unsere Zeit in dem Dorf ist für mich mit vielen Erinnerungen verbunden. Mutti und eine der Großmütter waren immer auf den Feldern des Dorfes beschäftigt. Ohne die Kartoffeln, die auf dem sandigen Boden des Höhenrückens „Fläming" gut gediehen, hätten wir wohl – wie damals in den Städten – Hunger leiden müssen.

In diese Jahre fiel unsere Zeit als „aktive Indianer" in den Kiefernwäldern der Umgebung. Wir schnitzten aus Lindenholz Dolche und bastelten Keulen für den Kampf gegen die „weißen Siedler und Kolonisten", die den Indianern das Land raubten – wie wir aus den Büchern von Karl May wussten. Wir warfen Speere, bastelten

Pfeil und Bogen und auch Federhauben. Die „Indianer" waren wie wir überwiegend Kinder, die erst mit den Flüchtlingen und Vertriebenen ins Dorf gekommen waren. Die einheimischen Jungen waren für uns mit wenigen Ausnahmen die „Weißen", die den Indianern ihr Land streitig machten. Im „Verstecken" und „Anschleichen" im Wald waren wir Meister! Aus dicker Kiefernrinde bastelten wir Schiffchen mit Segeln, die wir auf Günther's Puul, einem der drei Dorfweiher, fahren ließen.

In der zweiklassigen Dorfschule machte ich meine ersten Schreibübungen mangels einer Schiefertafel auf einer ausgedienten Dachplatte aus Schiefer. In Erinnerung ist mir auch noch ein „Not-Bleistift", der ganz aus Grafit mit einem Lacküberzug bestand, sehr weich schrieb und sich schnell abnutzte.

Manchmal gab es bei unseren Spielen in unserer unbeaufsichtigten Freizeit in Wald und Flur auch gefährliche Momente: Kurz nach Kriegsende war oft im Wald weggeworfenes Kriegsgerät und auch Munition zu finden. So hatte einer unserer Freunde eine Stange – angeblich Dynamit – gefunden. Wir steckten sie in einer kleinen Lichtung im Wald senkrecht in die Erde und wollten sie mit einem Zündholz anzünden. Als das nicht gelang, kratzte einer mit dem Messer oben etwas des Sprengstoffs zu Pulver auf und versuchte, das Pulver anzuzünden. Plötzlich schoss eine riesige Stichflamme in den Himmel, wodurch wir im Kreis wie vom Blitz getroffen rückwärts purzelten. Es roch nach verbrannten Haaren, und wir waren einige Minuten völlig geblendet. Gott sei Dank war niemand von uns verletzt. Das hätte auch anders ausgehen können! Wir beschlossen, niemals und niemandem dieses gefährliche Spiel zu verraten – großes Indianer-Ehrenwort!

Eine weitere Gefahr, die aber nicht verheimlicht werden konnte, lauerte in der Sandgrube – „Sandkiete" genannt –, wo die Dorfbewohner benötigten Sand abbauten. Am Rand der Sandkiete entstand dadurch ein kleiner Abhang, in den wir Höhlen buddelten, um uns dort zu verstecken. Eines Tages, an dem wir wieder an unseren Höhlen arbeiteten, rutschte plötzlich der unterhöhlte Hang ab und begrub einen unserer Kameraden, ein anderer stak bis zum Bauch im Sand fest. Einige von uns rannten weinend nach Hause, mein Bruder Diether und wir anderen suchten nach dem verschütteten Kameraden und buddelten mit den Händen an der Stelle, an der wir ihn vermuteten. Schließlich fanden wir ein Haarbüschel im lockeren Sand, gruben weiter und konnten tatsächlich den Gesuchten ausgraben, der zwar erschöpft, aber unverletzt und lediglich geschockt war. Der Schreck jedoch saß auch uns noch lange in den Gliedern, und erst viel später beichteten wir zu Hause unsere „Heldentat".

Hier muss ich erwähnen, dass ich im Herbst 2016 mit Gudrun nach dem Crewtreffen in Magdeburg auf der Rückfahrt nach Laub in Zellendorf war. Auf dem dortigen Friedhof, wo unser Walda-Großvati begraben ist, kamen wir mit zwei Männern ins Gespräch, die dort Laub zusammenrechten. An unsere Zeit in Zellendorf nach der Vertreibung konnte sich einer gut erinnern und meinte, in mir meinen Bruder Diether zu erkennen. Auf unsere Kinderspiele damals angesprochen meinte er ganz spontan: "Weeste noch – Sandkiete?" !!

Ein weiterer Zeitvertreib war das Basteln von Steinschleudern. An den Enden einer Astgabel befestigten wir zwei Gummistreifen, die wir mit der Schere aus dem Gummischlauch eines defekten Gummireifens schnitten. Zielschießen auf die Isolatoren an den Telegrafenleitungen entlang der nahen Bahnlinie war ein beliebter Wettbewerb, denn bei einem Treffer zersplitterte das Porzellan, aus dem die Isolatoren bestanden. Natürlich war das verboten und gerade deshalb für uns interessant.

Eine wichtigere Arbeit aber war für uns Kinder das Sammeln von Astholz in den Wäldern und der Transport mit dem Kinderwagen, später mit einem Leiterwägelchen zu unserer Wohnung. Auch das

Abernten von Obstbäumen an den Straßenrändern waren über-
lebenswichtige, aber auch schöne Erinnerungen an diese Notzeit
Geburtstage wurden mit wenigen Süßigkeiten gefeiert, und vor
Weihnachten bastelten wir aus Seidenpapier bunte „Zuckerlen"
die am Christbaum aufgehängt wurden. Neben einigen Äpfelchen
und etwas Lametta hing nur Selbstgebackenes oder -gebasteltes an
unserem kleinen Bäumchen.

Als wir nach etwa einem Jahr die Anschrift unseres Vati's in französischer Kriegsgefangenschaft erfahren konnten, schrieben Mutti,
die beiden Großmütter und wir Kinder eifrig Briefe, unter die Rur
immer viele „Bussis" – runde Bleistiftkringelchen – dazumalte.
Vati hat diese Briefe gesammelt und aufbewahrt, Mutti dagegen
hat Vati's Briefe sicherlich vernichtet. Bestimmt wollte sie unbedingt vermeiden, dass Vati zu uns in den sowjetisch besetzten Teil
Deutschlands entlassen und dann von den Sowjets ganz sicher
wieder, wie viele ehemalige Soldaten, verhaftet und sehr wahrscheinlich nach Sibirien „verlegt" worden wäre. Besonders nach
seiner Entlassung 1948 zu seinem Bruder Karl in Anholt in Wes-
falen fürchtete sie „unerwünschte Konsequenzen".

Im Sommer 1949 gelang unserer Familie mit Walda-Großmutti,
Mutti Hiltraut und uns Kindern Diether, Sigrun und mir im Eichs-
feld in der Nähe von Leinefelde bei Heiligenstadt die Flucht über
die Zonengrenze. Ich kann mich erinnern, dass wir uns an einem
Abend mit anderen Fluchtwilligen und unserem Schleuser in einem Gartenhäuschen trafen. Mutti hat uns im Nachhinein erzählt,
dass ein junger Mitflüchtling aus unserer kleinen Gruppe sich des-
pektierlich über uns Kinder äußerte und meinte, wir würden durch
unser Verhalten die Flüchtlingsgruppe sicherlich verraten. Er
wusste ja nichts von unseren „indianischen Fertigkeiten"! Als wir
dann in der Nacht auf unserem Weg die Lichter eines Autos sahen,
das näher kam – wahrscheinlich die Grenzkontrolle – , versteckten
wir uns seitlich im Gebüsch. Darin waren wir ja geübt! Das Auto

fuhr vorüber ohne anzuhalten. Hervorgekrochen aus unserem Versteck sahen wir den Koffer unseres hochnäsigen Mitflüchtlings am Wegrand stehen. Mutti wies ihn barsch zurecht, er solle gefälligst nicht die Kinder kritisieren, denn sein Koffer hätte uns alle verraten können! Nach dem geglückten nächtlichen Grenzübertritt fuhren wir mit der Bahn von Göttingen nach Dortmund, wo uns Vati am Bahnhof abholte. In der Bahn, ich bilde mir ein in der Straßenbahn, saß uns gegenüber eine Frau, die uns eine Banane schenkte. Da wir nicht wussten, wie wir sie essen konnten, zeigte sie uns, wie man sie schälen muss.

„Wiedervereinigung" der Familie

In Anholt nahe der holländischen Grenze war dann unsere Familie endlich wieder vereint und fand Unterkunft im teilzerstörten Haus des Schusters Visser in der Steinstraße Nr. 101 gegenüber dem Pfarrhaus. Die Türme der teilzerstörten Kirche waren kurz vor Kriegsende von deutschen Truppen auf dem Rückzug gesprengt worden. Der übrige Kirchenraum war an der Seite der zerstörten Türme notdürftig abgedichtet. Die große Glocke hing neben der Kirche in einem eisernen Glockenstuhl und wurde dort mit der Hand geläutet.

Später wohnten wir in dem neuerbauten Wohnhaus des Bauern Angenendt in Regniet Nr. 29 am Kapellendeich etwas außerhalb von Anholt. Dort wohnte damals auch die Familie von Onkel Karl, Vati's Bruder, der Tischler war. Zusammen mit unseren Vettern Winfried und Uli genossen wir unsere Freizeit mit ausgiebigem „Ströpen" über Wiesen und Hecken bis an die holländische Grenze und an die Aa, in der wir auch manchmal badeten. Schwimmen lernten wir in einem kleinen Bach in der Nähe des Anholter Schlosses.

Am Weißen Sonntag 1950 kam ich nach der Vorbereitung durch Pater Marx, der mir einen türkisgrünen Rosenkranz schenkte, zur

Erstkommunion. Ich hatte in Zellendorf bereits die dritte Klasse abgeschlossen und besuchte in Anholt bis Ostern 1950 nochmal die dritte Klasse bei Lehrer Brüggemann, denn Schuljahresbeginn in Nordrhein-Westfalen war jeweils an Ostern! Nach der vierten Klasse bei Lehrer Faber wechselte ich mit einem Anholter Klassenkameraden zu Ostern 1951 auf das altsprachliche St. Georg-Gymnasium in Bocholt. Mit dem Fahrrad fuhr ich täglich von Anholt zum Isselburger Bahnhof und dann per Bahn nach Bocholt. Ich war also einer der Fahrschüler, die sich die Zeit der Bahnfahrt oft mit Kartenspiel verkürzten. Bis zur Übersiedlung nach Nördlingen im Sommer 1952 hatte ich dann bereits bis Ostern (1952) die ersten zwei Gymnasialjahrgänge (Sexta und Quinta) absolviert und den 3. Jahrgang begonnen. Im Herbst fing für mich dann der 3. Jahrgang aufs Neue an der Nördlinger Oberrealschule mit Gymnasium an.

Nördlingen wurde nun zum Lebensmittelpunkt unserer Familie, denn die Stadt hatte als 2. Stadt in Bayern bereits am 4. August 1951 die Patenschaft über die aus dem Kreis Tetschen-Bodenbach Vertriebenen übernommen. Im Nördlinger Ries waren nämlich zwei Sammeltransporte mit vertriebenen Deutschen aus Tetschen-Bodenbach gelandet. Zwei evangelischen Pfarrern (die Pfarrer Präger und Reinhard) war es im Nachkriegs-Chaos von Flucht und Vertreibung gelungen, mit Sammelpässen des russischen Kommissars für Bodenbach Transporte mit 140 und 270 Personen mit Güter- und Personenwaggons der Bahn zusammenzustellen. Geholfen hatte beiden Pfarrern dabei, dass sie sich als Antifaschisten ausweisen konnten. Nach längeren Aufenthalten an der Zonengrenze und anschließenden Irrfahrten und Wanderungen gelangten die Gruppen schließlich durch Kontakte zur evangelischen Landeskirche in Bayern ins Nördlinger Ries, wo die Vertriebenen auf einige evangelische Dörfer verteilt wurden.

Da die vertriebenen Tetschen-Bodenbacher vorwiegend als Fabrikarbeiter oder Angestellte in der Bodenbacher Industrie gearbeitet hatten, denen die Arbeit in der Landwirtschaft unbekannt beziehungsweise ungewohnt war, suchten sie vor allem im nahen Nördlingen Arbeit. So konnte z.B. die dort neu gegründete „Schwäbische Essenzenfabrik" vielen Fachleuten dieser Branche aus ehemaligen Bodenbacher Betrieben eine Arbeitsstelle bieten. Der damalige Nördlinger Oberbürgermeister Weinberger, dem Industrieansiedlungen für die bis dahin landwirtschaftlich geprägte Stadt sehr wichtig waren, begrüßte deshalb Neugründungen und wirtschaftliche Initiativen der Vertriebenen. So waren OB und Stadtrat gern bereit, für sie die Patenschaft der Stadt zu übernehmen.

Vati gab bereits seit 1948 einen Heimatbrief mit dem Titel „Trei da Hejmt" („treu der Heimat" in nordböhmischer Mundart) für den ehemaligen Kreis Tetschen-Bodenbach heraus, um die weit verstreut lebenden Schicksalsgefährten wieder miteinander in Kontakt zu bringen. Er richtete zusammen mit der Wohnung der Familie seine Redaktion in Nördlingen ein. In der Patenstadt fanden künftig auch die Heimattreffen für den Kreis Tetschen-Bodenbach statt. In der ersten Zeit konnten vor allem durch Suchanzeigen in der Heimatzeitung abgerissene Verbindungen wieder hergestellt und Familien zusammengeführt werden. Darüber hinaus waren aktuelle Meldungen aus der Heimat, kulturelle Beiträge der Arbeitsgemeinschaft für Heimatforschung und Familiennachrichten wichtige Schwerpunkte der Heimatzeitung.

Aktive Integration:
Ankommen in Marine und bayerischem Schwaben

Während ihrer Nördlinger Zeit waren vor allem Sigrun (Runi) und ich (Herwig) Gründer und Leiter verschiedener Jungen- bzw. Mädelgruppen der Sudetendeutschen Jugend (SdJ) im Dachverband der Deutschen Jugend des Ostens (DJO) und engagierten sich auch überörtlich: Runi in Deiningen als Leiterin einer DJO-Mädelgruppe und später auch in der Organisation auf Bezirks- und Landesebene, ich (Herwig) als Jungenschaftsführer außer in Nördlingen im Bezirk Schwaben auch als DJO-Bezirksführer. Als solcher organisierte ich zusammen mit Sigrun Bezirkssommerlager, oft mit über 100 Teilnehmern an verschiedenen Orten Mittelschwabens als auch Winterlager auf der Dinser Hütte bei Nesselwang. Dieses Jahrzehnt in der Jugendarbeit mit Spiel, Sport und gemeinsam bewältigten Herausforderungen, mit Fahrten, Lagern und Kameradschaft möchte ich bis heute nicht missen.

Bei Sudetendeutschen Tagen, Bezirkslagern oder bei örtlichen Festen zeigten sich die Gruppen der SdJ/DJO auch in der Öffentlichkeit. Im bayerischen Schwaben wurde deshalb der Fanfarenzug aus Meitingen gern eingeladen.

Fanfarenzug Meitingen

Eines der alljährlichen Sommerlager des DJO-Bezirks Schwaben fand in Reimlingen bei Nördlingen statt. In jedem Lager gab es einen Fahnenmast, an dem in der Frühe ein Morgenlied gesungen und die DJO-Fahne mit den Worten „Wir grüßen die Heimat" gehisst wurde.

Volkstanzgruppe der SdJ/DJO

In den DJO-Lagern waren Mädchen- und Jungenbereiche streng getrennt. Neben gemeinsamen Aktivitäten wie Singen, Volkstanz, Sport oder auch der Lagerzirkus am Ende der Lagerwoche begeisterten Geländespiele vorwiegend die Jungenschaftler.

Nach dieser aktiven Zeit in der Jugendarbeit, meinem Abitur und einem guten Musterungsergebnis war ich gern bereit, meine Wehrpflicht zu leisten. Mein Wunsch, in der Marine zu dienen, war nicht nur dem Kriegsdienst meines Vaters, sondern auch meiner Geburt an der Elbe mit Verbindung zum Meer sowie meiner Begeisterung für jeglichen Wassersport zu verdanken.

Da aber mein Berufswunsch (Lehrer in der Volksschule) für mich bereits feststand, wollte ich nach Ableistung meiner Wehrpflicht an der Pädagogischen Hochschule in Augsburg studieren. So genoss ich nach der dreimonatigen Grundausbildung in Glückstadt (Oktober bis Dezember 1961), von Januar bis zum 2. April 1962 an der Technischen Marineschule II in Bremerhaven meine erste Bekanntschaft mit Elektrotechnik, Metallbearbeitung und Dampfantriebstechnik auf Marineschiffen. Willkommene Abwechslung in dieser Zeit brachte nicht nur der angebotene Tanzkurs mit Töchtern von Marineoffizieren, sondern auch der Einsatz unserer Crew bei der Flutkatastrophe im Februar mit anschließenden Deichsicherungsarbeiten. Im April 1962 ging es dann endlich zum Schulgeschwader in Kiel. Die ersten drei Monate erlebte ich auf Boot „Brummer", ab 25. Juni 1962 gehörte ich zur Besatzung des Bootes „Biene" und wurde mit Wirkung vom 1. Juli zum Reserveoffiziersanwärter (ROA) ernannt. Dass ich damit in die Offiziersausbildung „rutschte", nahm ich als Chance wahr und verließ das Schulgeschwader am 2. Oktober 1962 als Seekadett.

Das folgende halbe Jahr gehörte der Ausbildung an der Marineschule in Flensburg-Mürwik. Neben den obligatorischen Marinethemen standen im Sport auch Judo und Boxen auf dem Programm. Gern erinnere ich mich an die Kämpfe mit Kameraden, die ich bis auf einen „verknacksten" Ringfinger unbeschadet überstand. Lieder fiel das geplante Kuttersegeln mit Erwerb des Segelscheins A ins zugefrorene Wasser der Förde. Doch das Erlebnis der gefrorenen Förde und den Einsatz eines Eisbrechers zum Freihalten der Fahrrinne hat man seitdem sehr selten. Mit dem 31. März 1963 endete nicht nur meine Zeit auf der Marineschule, die ich als Fähnrich zur See verließ, sondern auch mein freiwillig verlängerter Grundwehrdienst von 18 Monaten. Da ich mein geplantes Studium an der PH Augsburg erst im Herbst beginnen konnte, hängte ich noch drei Wehrübungen an: Im April 1963 den Sperroffizierslehrgang A an der Unterwasserwaffenschule in Flensburg-Mürwik, im Mai den Brückendienstlehrgang an der Marine-Ortungsschule in Bremerhaven und im Juni den Zugführerlehrgang an der Marineunteroffizierschule (MUS) in Plön. Mit Wirkung vom 30. August 1963 wurde ich zum Leutnant zur See der Reserve befördert. Als solcher (Lt.z.S.d.R) leistete ich vom 1. August bis 31. Oktober 1964 eine Pflichtwehrübung beim 3. Minensuchgeschwader in Kiel auf dem Schnellen Minensuchboot SM-Boot „Skorpion" und vom 7. August bis 2. September 1967 eine freiwillige Wehrübung beim 5. Minensuchgeschwader auf SM-Boot „Steinbock". Am 9. Februar 1968 wurde ich zum Oberleutnant z.S.d.R. befördert und leistete vom 10. bis 22. August 1970 eine Pflichtwehrübung bei der Seetaktischen Lehrgruppe in Wilhelmshaven, vom 9. August bis 4. September 1971 eine Einzelwehrübung wieder beim 5. M-Geschwader in Olpenitz, wieder auf SM-Boot „Steinbock" und vom 6. August bis 1. September 1973 eine Einzelwehrübung beim 7. M-Geschwader in Neustadt/Holstein auf dem Binnenminensucher BM-Boot „Loreley". Am 1. September 1973 erfolgte auch meine Beförderung zum Kapitänleutnant d.R. Da ich mit diesem Dienstgrad eventuelle Wehrübungen nicht mehr auf meinen geliebten M-Booten hätte leisten können, meldete ich mich nicht mehr zu Wehrübungen, zumal durch meinen Beruf als Volksschullehrer und stellvertretender Schulleiter auch in den Ferien für Wehrübungen nun zu wenig Zeit blieb.

Neben Schule und Jugendarbeit war der Alltag unserer Familie von der Mitarbeit bei Herausgabe und Versand von Vati's Heimatzeitung „Trei da Hejmt" geprägt. Der Postversand für die schnell wachsende Bezieherzahl wurde von der Familie bewältigt. Dies änderte sich nicht bis zum plötzlichen Tod meines Vaters am 27.11.1965 in München, wo er mit Hiltraut an einem Gründungsfest der Burschenschaft Teutonia Tetschen teilnahm, die sich nach der Vertreibung in München wiedergegründet hatte.

Nachdem die Heimatzeitung von Mutti Hiltraut und Sigrun für ein Jahr weitergeführt worden war, wurden Verlag und Zeitung „Trei da Hejmt" an den Heimatverband Kreis Tetschen-Bodenbach e.V. verkauft, der einen Redakteur anstellte. So erschien die Heimatzeitung mit wechselnden Redakteuren bis zum Jahr 2005 und wurde dann vom 2002 gewählten Vorsitzenden des Heimatverbandes (Herwig) bis zur Einstellung des Erscheinens im Jahre 2018 – gleichzeitig mit der Auflösung des Heimatverbandes zum Jahresende 2018 – redaktionell betreut. Dass ich als Dankwart's Sohn diese Endphase von Heimatverband und Zeitung mitgestalten konnte, empfinde ich in der Rückschau als großes Glück. Denn in dieser „Endphase" war es der verjüngten Vorstandschaft des Heimatverbandes gelungen, neue Verbindungen zu den jüngeren, uns wohlgesonnenen tschechischen Tetschen-Bodenbachern zu knüpfen. Vor allem in den Archivaren in Tetschen und Bodenbach fanden wir neue Freunde, stellten Verbindungen zwischen den Stadtverwaltungen von Děčín (Tetschen-Bodenbach) und unserer Patenstadt Nördlingen her und entdeckten, dass ein großes Interesse unserer tschechischen Freunde am Schicksal der vertriebenen Landsleute bestand. Begeistert übernahm das Tetschner Kreisarchiv die Archivalien des Heimatverbandes, denn das Schicksal der ehemaligen deutschen Bewohner Nordböhmens war für unsere tschechischen Landsleute ein blinder Fleck der böhmischen Geschichte.

So geschah nach der Wende und friedlichen Wiedervereinigung Deutschlands in Nordböhmen Erstaunliches: In Tetschen / Děčín entstand eine Bürgerinitiative zu Renovierung und künftiger Nutzung des Tetschner Schlosses, das Eigentum der Stadt geworden war. Repräsentanten dieser Initiative wurden in den Stadtrat gewählt. Die Archivare des Tetschner Kreisarchivs, das sich im Schloss befindet, gehörten dieser Initiative an. Von sich aus suchten sie Kontakt zum Heimatverband Kreis Tetschen-Bodenbach in Nördlingen, der hoch erfreut reagierte. Durch gegenseitige Besuche wurden diese Kontakte vertieft, was in der dortigen Presse große Aufmerksamkeit fand. Wir, meine Kollegen im Heimatverband und ich konnten den interessierten tschechischen Redakteuren in Interviews unser Schicksal nach der Vertreibung erklären.

So konnte das letzte Heimattreffen der Tetschen-Bodenbacher im renovierten Tetschner Schloss stattfinden, bei dem uns der Kirchenvorstand der Kreuzkirche in Tetschen im Namen der katholischen Pfarrgemeinde mit der Bitte um Vergebung für die unmenschliche Vertreibung und die deutschen Opfer überraschte. In unserer Antwort erinnerten wir auch an die Zeit des tschechischen Protektorats unter der Herrschaft deutscher Nationalszialisten, die im Namen des deutschen Volkes gegen die Tschechen wüteten. Der Name des Dorfes Lidice steht dafür symbolhaft. Aber nicht nur in der Stadt, sondern auch in vielen Dörfern der Umgebung entstanden Bürgerinitiativen, die sich der Erhaltung oder sogar Wiederentdeckung der oft von Wald überwucherten deutschen Friedhöfe und Gräber annahmen. Auf die Frage, warum sie als Tschechen das machen, antworten sie nur: Das ist unsere böhmische Geschichte, unsere deutsche Vergangenheit. Und wenn wir uns als Vertriebene, als ehemalige Bewohner dieser Gegend zu erkennen gaben, freuten sie sich, uns als Zeitzeugen zu begrüßen und uns willkommen zu heißen. Und mittlerweile trifft man immer seltener auf Ablehnung. Dass wir in unserer Herkunftsheimat willkommen sind, hat uns berührt und gibt uns das Gefühl, unsere Heimat, von der wir so oft gesprochen hatten, neu wieder zu entdecken, ja geistig sie wieder zu gewinnen.

Dankbarkeit

Dass ich all die geschilderten Einzelheiten anführen konnte, verdanke ich den Aufzeichnungen unserer Heisler-Großmutti, Vati's akribischen Notizen über Militärzeit und Gefangenschaft sowie den Erzählungen meiner Eltern. Ein Glück, dass ich auch mit Vati noch vor seinem allzu frühen Tod über viele seiner Beweggründe sprechen konnte. Mir war es deshalb wichtig, nicht nur meine eigenen Erlebnisse in Kindheit und Jugend, sondern auch die Entwicklung der Haltungen und Werte meiner Eltern und Großeltern in Kriegs- und Nachkriegszeit darzustellen.

Übergabe des Heimatarchivs Kreis Tetschen-Bodenbach an
Jan Němec (links), Direktor des Kreisarchivs Děčín,
durch Herwig Heisler (rechts), 2017

125

Kriegsmarinewerft Wilhelmshaven, Mai 1945

Ein Leben, vom Meer bestimmt

Von Karsten Eckermann

Nach einschlägigen Definitionen zähle ich zu der Gruppe der „Kriegskinder". Ich wurde am 25. Februar 1941 in Kiel geboren, zu einer Zeit also, als der Krieg noch bis 1945 andauerte. Und schon bei meiner Geburt spielte der Krieg – zumindest für meine Eltern – eine große Rolle, weil genau an diesem Tag mein Vater als Kommandant des U-Bootes „UA" zu seiner ersten Feindfahrt auslief. So wurde ich auch gleich von seiner Besatzung als Crewmitglied vereinnahmt und mit einem Brief formell begrüßt. Gleichzeitig machten sich Seefahrt und Meer in meinem Leben bemerkbar.

Vom Krieg selbst habe ich aber nicht viel mitbekommen. Und die Frage, ob traumatische Erinnerungen geblieben sind, kann ich gleich zu Anfang beantworten: Bei mir ist dies nicht der Fall.

Mein Vater Hans und auch mein Großvater Richard Eckermann waren beide Marineoffiziere. Großvater Richard wurde bekannt als Kommandant des Kanonenbootes „Panther", das er nagelneu 1902 auf der Düsseldorfer Weltausstellung vorstellte. Anschließend wurde der „Panther" auf eine Westindien-Reise geschickt, wobei es zu zwei Kampfeinsätzen kam.

Der haitische Rebellenkreuzer „Crête à Pierrot", befehligt von dem haitianischen Ex-Admiral Killick, hatte am 2. September 1902 nahe Cap Haïtien Seeraub an dem deutschen Dampfer „Markomannia" unter Kapitän Hansen begangen. Als „S.M.S. Panther" am 5. September 1902 von Europa kommend in Port au Prince einlief, fand Großvater den Befehl Seiner Majestät des Kaisers vor, die „Crête à Pierrot" mit Güte oder Gewalt zu nehmen. Er ging noch am selben Tag nach Einbruch der Dunkelheit auf die Suche. Der Plan war, die an Artillerie bedeutend überlegene „Crête à Pierrot" zum Gefecht unvorbereitet zu überraschen. Das gelang, als am

Begrüßungsschreiben der Crew U-Boot „UA" an Karsten, 25.02.1941

Kiel, den 25. Febr. 1941

Lieber Karsten!

[handschriftlicher Text, teilweise unleserlich]

Text des Begrüßungsschreibens der Crew U-Boot „UA"
an Karsten, 25.02.1941

Abschrift des Crewschreibens:

Kiel, den 25. Febr. 1941

Lieber Karsten !

Zu Deiner heutigen Indienststellung
wünscht Dir Dein Stammboot „U.A."
von Herzen ein gutes Gedeihen
und eine Allzeit zünftige Seefahrt. Mit Deinem Erscheinen
kurz vor dem Auslaufen hast Du
Deine militärische Pünktlichkeit
bewiesen und uns zu einem
freudigen Seeklar verholfen. Mit
dem Wunsch, Dich bald als jüngsten
Rudergänger unter uns zu sehen,
grüßt Dich Deine Besatzung von „U.A.".

Metz *und 25 weitere Unterschriften*

* * *

Angaben zu Unterseeboot UA:

Typ:	*Ingenieurskantoor voor Scheepsbouw, IvS*
Bauwerft:	*Krupp Germaniawerft, Kiel, Baunr: 575*
Kiellegung:	*10.02.1937 Stapellauf: 28.09.1938*
Indienststellung:	*20.09.1939*

Kommandant: 01.11.1940 - 14.02.1942   KK Hans Eckermann

UA lief am 25.02.1941 von Kiel aus. Nach dem Marsch durch den Kaiser-Wilhelm-Kanal, Geleitaufnahme in Brunsbüttel sowie Geräuschmessungen in Helgoland, operierte das Boot im Nordatlantik. Die Unternehmung musste wegen Wasserbombenschäden vorzeitig abgebrochen werden.

Nach 21 Tagen und zurückgelegten 4.403 sm über und 134 sm unter Wasser, lief UA am 18.03.1941 in Lorient ein.

UA konnte auf dieser Unternehmung ein Schiff mit 5.228 BRT versenken.
[Nach Ubootarchiv.de]

6. September 1902 gegen Mittag die „Crête à Pierrot" im Innenhafen von La Gonaïves überrascht und gefechtsunvorbereitet gesichtet wurde. Nach Ablauf eines Ultimatums und einigem Geplänkel entwickelte sich ein Artillerieduell, in dem der Rebellenkreuzer völlig zusammengeschossen wurde und schließlich mit Schlagseite nach Backbord sank. Ex-Admiral Killick fiel in dem Gefecht. Der Kaiser war zufrieden, dass der Seeraub an einem deutschen Handelsschiff so schnell gerächt worden war, und er schickte ein Telegramm: „Bravo Panther – gut gemacht!"

Ein weiteres Gefecht auf dieser Reise entwickelte sich, als am 17. Januar 1903 die „Panther" hinter der Barre von Maracaibo vor schwerem Wetter Schutz suchte, jedoch von dem 3.500 m entfernten Fort St. Carlos völlig unerwartet beschossen wurde. Die „Panther" nahm das Gefecht an, erzielte auch einige Treffer, musste aber schließlich erkennen, da auch die Salven des Forts ziemlich nahe am Schiff einschlugen, dass ein durchgreifender Erfolg der Beschießung eines starken Steinforts mit nur einer 10,5 cm Schnellfeuerkanone nicht erreicht werden konnte. Durch die Annahme des Gefechtes war jedoch die Ehre der Flagge gewahrt und so trat nach 48 Schüssen, davon 15 als Treffer beobachtet, „Panther" den Rückzug an.

Meine Mutter besaß den Bürgerbrief des ehemals dänischen Altonas. Auch sie kam aus einer Seemannsfamilie. Ihr Vater war Segelschiffskapitän und ein „Kap Hornier" – war also mit seinem Schiff ums Kap Hoorn in Südamerika gesegelt. Nach Kiel ist sie durch ihr Studium der Biologie gekommen. Bei meiner Geburt hatte ich schon eine ältere Schwester Helga, die 1937 in Kiel geboren worden war. Nach mir wurde noch Schwester Heilwig 1943 ebenfalls in Kiel geboren.

Mir ist schon bewusst, dass ich mit diesen Ausführungen von dem Thema der vorliegenden Veröffentlichung abweiche. Ich wollte jedoch die Atmosphäre und das kindliche Erleben darstellen, die mich früh geprägt und meine Affinität zu Meer, Wasser und Schifffahrt wesentlich gefördert haben.

Im Sommer 1944 zogen wir wegen der Versetzung meines Vaters nach Gotenhafen, nach Groß Waplitz (Waplewo Wielkie) im heutigen Polen, etwa 20 km südöstlich von der Marienburg gelegen. Dort konnte ich erstmals mit dreieinhalb bis vier Jahren meine Umwelt bewusst wahrnehmen. Auch dieses erste bewusste Wahrnehmen meiner Umwelt hatte mit Seefahrt und Marine zu tun. Jetzt, am Ende meines Lebens, hat im Rückblick die See eine große Rolle in meinem Leben gespielt. Ich kann sagen, dass Seefahrt und Marine ganz wichtige Faktoren in meinem Leben gewesen sind.

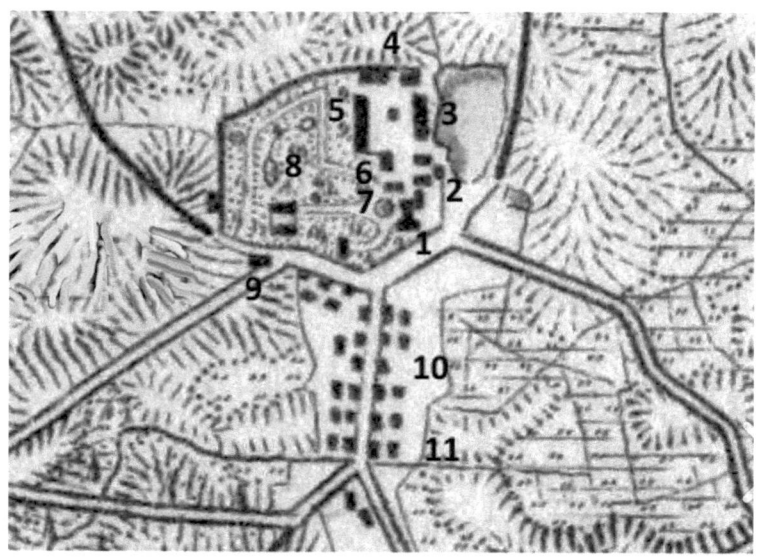

1	Gutshaus	5	Pferdeställe	9	Kapelle
2	Brennerei	6	Schmiede	10	Arbeiterhäuser
3	Schafstall	7	Verwaltung	11	Geplantes
4	Viehställe	8	Garten		Eisenbahn-Depot

Das Gut Groß Waplitz in Westpreußen, 1893
Die Wohnung Eckermann lag 1944/45 in der südlichen Ecke
des Gutshauses

Von Groß Waplitz habe ich vage, bruchstückhafte Erinnerungen an einen großen Gutshof. Von Groß Waplitz fuhr mein Vater zu seiner Dienststelle nach Gotenhafen, wo er Leiter des U-Boot-Abnahme-Kommandos der Marine war. Als Stabsarche war seiner Dienststelle das ehemalige HAPAG-Schiff „Iberia" zugeteilt worden, von dem später noch ausführlicher die Rede sein wird.

Herrenhaus des Gutshofes Groß Waplitz
X Wohnung Eckermann 1944/45

Mutter und wir Kinder blieben in Groß Waplitz, wo wir die Tage in einer „kriegsfreien" Welt verbrachten. Dort führten wir Kinder eher ein Abenteuerleben, als dass wir ein traumatisierendes Kriegserlebnis hatten. Hinter dem großen Gutshof erstreckte sich ein tiefer, bewaldeter Garten, der von einem Bächlein umgeben war. An einer Stelle überbrückte ein schmaler Steg das Gewässer, unter dem ein Schlauchboot versteckt war, wie es die Flieger über See für Notlagen mit sich führten. Mit dem machten wir kurze Ausflüge auf dem Wasser. Wir fühlten uns wie echte Seefahrer.

Das dicht bewachsene Gelände bot unendlich viel Platz für Versteck- und andere Spiele.

Im Gutshaus waren auch Luftwaffensoldaten untergebracht. Diese Einheit betrieb die große Gutsküche. Wir Kinder hatten Kontakt zu den Fliegern, und schon bald standen wir bei ihnen auf der Verpflegungsliste. Meine Mutter wunderte sich über die Appetitlosigkeit der Kinder zu ihren Essenszeiten, aber wir wurden sehr gut ernährt.

Mit dem „Schiffchen" eines Luftwaffensoldaten.
Juli 1944

Dass diese Erinnerungen authentisch waren, konnte ich Mitte der 80er Jahre erkennen, als ich als Tourist an den Ort zurückkehrte und mich auf Anhieb zurecht fand. Die große Empfangshalle in der Mitte des Gutshauses, die Lage der Küche, der Flügel, in dem die Flieger untergebracht waren, der Steg über den Wasserlauf: Alles war wie in meiner Erinnerung, zum Teil gut gepflegt, am alten Platz – nur das Schlauchboot war weg. Das Anwesen hatte, wie ich erfahren konnte, nach dem Krieg als Schulungseinrichtung für Partei oder Gewerkschaft gedient.

Das einschneidende Ereignis trat für die Familie am 30. Januar 1945 ein, als die Familie nach Gotenhafen verfrachtet wurde und auf der „Iberia", einem ehemaligen HAPAG-Dampfer, zur Evakuierung nach Westen eingeschifft wurde. Die Seeklarmachung hatte unter ziemlicher Geheimhaltung stattgefunden. Zu groß war die Gefahr von Ober-Nazis denunziert zu werden, dass die Beteiligten als Defätisten, die nicht mehr an den Endsieg glaubten und die Flucht vorbereiteten, diffamiert würden. Mit uns wurden ca. 800 Zivilpersonen eingeschifft, die erst einmal mit unbekanntem Ziel über die Ostsee nach Westen wollten. Den 30. Januar kennt die Geschichte als den Tag des Auslaufens der „Wilhelm Gustloff" aus Gotenhafen und ihren Untergang durch Torpedierung durch das sowjetische Uboot „S-13" unter ihrem Kommandanten Kapitänleutnant A.I. Marinesko, wobei die meisten Passagiere zu Tode kamen..

Die „Iberia" bildete zusammen mit der „Gustloff" ein Geleit, das gesichert wurde, aber schon beim Auslaufen auseinander gebracht wurde. Die „Iberia" hatte einen Ruderversager, fuhr auf die Mole auf, und es dauerte Stunden, bis das Schiff repariert war und der „Gustloff" hinterher fuhr. Als sie die offene See erreichte, passierten wir dann nachts die Untergangsstelle der „Gustloff", von der nichts mehr zu sehen war. Diese Stunden haben unser Leben und das Leben der übrigen Passagiere an Bord maßgeblich beeinflusst. Ich lernte daraus fürs Leben, dass es manchmal besser ist, der Zweite zu sein als der Erste.

An die „Iberia" kann ich mich noch gut erinnern. Auf dem Backbord-Seitendeck gab es einen Niedergang, der genau vor der Kombüse landete. Also, meine Verpflegung war auch da sichergestellt.

Die Fahrt auf der „Iberia" verlief ohne jede Berührung oder Beeinträchtigung durch den Gegner. Erst auf See wurde das Ziel der

Reise bekannt gegeben. Die „Iberia" wurde nach Eckernförde beordert. Wir waren zwei, drei Tage unterwegs und unsere Familie wurde dort mit den übrigen Passagieren ausgeschifft und ihrem weiterem „Nachkriegsschicksal" überlassen.

Exkurs: Passagierschiff „Iberia"

Die „Iberia" wurde 1928 als Passagierschiff „Magdalena" für die Hamburg-Amerikanische Packetfahrt-Actien-Gesellschaft (HAPAG) auf der Schichauwerft in Danzig gebaut. Wie ihr Schwesterschiff „Orinoco" von der Bremer Vulcan-Werft, hatte sie eine Länge über alles von 153 m, eine Breite von 15,5 m und einen maximalen Tiefgang von 7,5 m. Bei einer Tragfähigkeit von rund 5.300 tdw wurde sie mit rund 9.800 BRT vermessen. Sie konnte mit zwei Dieselmotoren und 6.800 PS auf zwei Wellen 15 kn schnell laufen und mit ihrer Reichweite von 14.000 sm war sie für den monatlichen Liniendienst von Hamburg nach Mittelamerika geeignet. Die 177 Mann Besatzung kümmerten sich um 340 Passagiere in drei Klassen.

1934 strandete die „Magdalena" bei Curacao, wurde nach Hamburg geschleppt und bei Blohm & Voß repariert und umgebaut. Mit 10 m Verlängerung am Bug und dem Wegfall des zweiten Schornsteins fiel sie etwas größer als bisher aus und wurde 1935 als „Iberia" von der HAPAG wieder in den Liniendienst, jetzt auf der Route Hamburg – Kuba – Mexiko, eingesetzt.

Während des Krieges wurde die „Iberia" von der Kriegsmarine übernommen und diente zunächst ab Sommer 1940 als Wohnschiff und später als „Stabsarche" für die U-Boot-Ausbildung in Danzig-Gotenhafen.

Nach der oben beschriebenen Verlegung nach Westen wurde sie bei Kriegsende in Kiel kurzzeitig von der Royal Navy übernommen, um 1946 als Reparatationsleistung an die Sowjetunion abgegeben und in „Pobeda" (Sieg) umbenannt zu werden. Die „Pobeda" wurde im Schwarzen Meer im Liniendienst mit Heimathafen Odessa eingesetzt. Nach einem Brand an Bord im Jahr 1948 wurde sie in Wismar in der Reparaturwerft der Roten Armee, der späteren Mathias-Thesen-Werft, instandgesetzt und modernisiert. Ab 1952 fuhr sie wieder im Schwarzen Meer, holte 1962 nach der Kuba-Krise die sowjetischen Truppen aus Kuba ab und stand dann wieder dem Linien- und Kreuzfahrtdienst im Schwarzen Meer zu

Passagierschiff „Pobeda" ex „Iberia", 1958

Verfügung. Nach der a.D.-Stellung 1977 wurde die „Pobeda", ex „Iberia", ex „Magdalena" in Pakistan abgewrackt.

Wir hatten nun als Endziel Cuxhaven im Auge, wo Verwandte avisiert hatten, dass wir bei ihnen vorübergehend Unterkunft finden könnten. Wir fuhren also in mehreren Etappen von Norden nach Süden durch Schleswig-Holstein. In einem Dorf auf der Höhe von Neumünster brannte bei einbrechender Nacht in einem Haus noch Licht. Wir wollten nach Unterkunft fragen. In dem Moment, in dem wir uns bemerkbar machten, ging das Licht aus und für uns war kein Mensch mehr zu sprechen. Aber das reichte bei mir auch nicht, um ein traumatisches Erlebnis zu manifestieren. Irgendwo fanden meine Eltern für mich schon einen Schlafplatz.

Am nächsten Tag war die Etappe Lübeck. Hier machten am Bahnhof lange, belegte Lazarettzüge Eindruck auf mich und prägten die Erinnerung. In einem Turm der alten Stadtbefestigung arbeitete ein Kunstweber. Trotz Flucht erwarben die Eltern einen kleinen Wandteppich mit dem Lübecker Doppeladler, der jahrzehntelang meine Zimmer schmückte und noch heute in meinem Besitz ist.

Vorletzte Etappe unserer Flucht war Hamburg. Hier waren wir in einem der Zippel-Häuser, direkt gegenüber der alten Speicherstadt untergebracht, nur von einem Fleet von ihr getrennt. Unvergesslich die vielen Dampfbarkassen, die ich von einem Wohnungsfenster aus gut beobachten konnte. Näherte sich eine Barkasse einer Brücke, zog ein Besatzungsmitglied an einer Leine, die oben an der Hinterkante des Schornsteins angebracht war, legte ihn damit um, und dicker schwarzer Qualm trat direkt am Oberdeck aus. Dieselmotoren hatten wohl noch keinen Zugang zur Barkassenflotte gefunden.

Von Hamburg aus sind wir die Elbe abwärts bis Cuxhaven auf einem Kahn mitgefahren. In Hamburg gab es beim Anbordgehen ein großes Drama. Meine Mutter hatte unsere wertvolleren Sachen alle in einer Zink-Badewanne verstaut. Beim Verladen sprang eines der Besatzungsmitglieder genau auf diese Wanne. Bisher hatte meine Mutter alles gut durchgebracht und nun fürchtete sie den Verlust der Wertgegenstände. Aber es war nicht viel passiert und wir konnten doch einen Großteil des mitgeführten Hab und Guts in Cuxhaven anlanden. So erreichten wir schließlich unser Endziel: Cuxhaven.

Mit den Verwandten, der Familie von Dr. Winckler im Strichweg, klappte das wohl doch nicht so zufriedenstellend. Wir wohnten in zwei, drei Kellerräumen. Es gab zwar Tageslicht, aber es war doch recht ungemütlich, sodass sich mein Vater umsah, wo wir besser wohnen könnten. Er fand dann eine Unterkunft in Döse, in der sogenannten Strandstraße 90 – Einheimische wissen, das war das Fort Kugelbake – in einer Holzbaracke, in die wir im Au-

Lage des Forts Kugelbake in Cuxhaven

gust 1945 einzogen. Unsere Flucht war beendet.

In der Baracke, in der mehrere Parteien wohnten, hatten wir unsere eigenen Räume: einen Raum mit Kohleherd zum Wohnen und Kochen, ein Wohn-Schlafzimmer, ein Schlafzimmer und ein Kinderzimmer. Also vier Räume für fünf Personen – die Toilette war ein Plumpsklo auf dem Eingangsflur. Trotzdem hat das Barackenleben meine Eltern bedrückt: Als ehemaliger Offizier mit der Familie in einer Baracke wohnen zu müssen, war eben nicht adäquat. Doch ich fand das als Kind wunderbar. Das Fort Kugelbake war ein kleiner Kosmos für sich. In dem eigentlichen Fort, das nur über Brücke und Tunnel zu erreichen war, lag eine Räucherei. Mit einem Bückling, aus dessen Schwanz noch das würzige, heiße Fett vom Räuchern tropfte, wurde entlohnt, wer beim Abladen und Verstauen des Holzes mithalf. Gegenüber gab es eine Gießerei, in der Aluminiumkugeln für Fischkutter gefertigt wurden. Auch dort wurde immer Hilfe gebraucht. In einer Schlosserei wurden defekte Schlitten repariert und andere nützliche Dinge gefertigt und wir lernten so manche handwerkliche Fertigkeit. Alles lag dicht beieinander und überall konnten wir herumlaufen und uns betätigen.

In der Baracke wohnte unter anderen eine Künstlerin, Frau „Regam" – eigentlich „Mager", aber der Name war ihr offenbar zu mager. Sie fertigte schöne Rötelzeichnungen an. Ein Bild von ihr hängt heute noch in meinem Arbeitszimmer. Ihr künstlerischer Begleiter war ein Tonbildhauer. Am unteren Ende der Baracke wohnte ein Schiffsoffizier, Herr Barney, der gelegentlich von seinen Reisen in alle Welt erzählte. Im gleichen Eingang wie dem zu unserer Wohnung hatte sich der Tischler Struck niedergelassen, der alle Holzarbeiten für uns übernahm: Werkzeugschrank, Schlüsselkasten, Holzbord. Sachen, die teilweise heute noch existieren, stammen von ihm. Eberhard, sein Sohn, war ein lieber Spielkamerad. Seine Mutter bestickte bunte Vorhänge, z.B. für ihre Handtuchhalter: „Wasser schafft frische Kraft", stand da zu lesen und andere gängige Sprüche.

Wir waren als Kinder fast nur draußen, haben Räuber und Gendarm und auf dem Gelände Verstecken gespielt und wir sind auf Bäume geklettert. Wir wohnten ja direkt an der Kugelbake und waren dem Wasser ganz nahe. Das war für mich wichtig, weil da ein Steg gebaut wurde, als ich noch gar nicht zur Schule ging. An der Kugelbake entstand ein Nothafen und von da fuhren alle Stunde die Barkassen „Columbus" und „Störtebecker" nach Cuxhaven. Da habe ich mich dann hingestellt, habe Leinen angenommen und durfte mitfahren. Bald auch durfte ich das Fahrzeug steuern und schließlich habe ich die Barkasse alleine gefahren. Noch während der Schulzeit habe ich in den Ferien auf der Barkasse „Dienst" getan.

Wir brauchten keine Verpflegung zu „hamstern" oder litten an Holznot fürs Heizen. Die Baracke wurde mit Briketts beheizt. Nur

Cuxhaven, mit Schwester Heilwig
in einer Zink-Badewanne
in der neuen Wohnung im April 1947

gelegentlich haben wir von den Engländern ein paar Kohlen „organisiert". Einmal musste ich mit einem Bollerwagen aus den Fischhallen, die ein gutes Stück Weges entfernt lagen. Rüben holen. Als ich zu Hause damit ankam, waren leider die meisten verdorben.

Ich war inzwischen vier Jahre alt geworden und zwei Jahre später wurde ich in Döse eingeschult. Am Ende der Zeit in der Dorfschule Döse machte ich die Aufnahmeprüfung für das Gymnasium in Cuxhaven. Ich bin dann auf das Jungengymnasium gegangen. Damals gab es noch Geschlechtertrennung, und die Mädchenschule lag über den Hof dem Jungengymnasium gegenüber.

Probleme als Kind eines ehemaligen Offiziers hatte ich weder in der Grundschule noch auf dem Gymnasium. Auch keine Sprachprobleme in neuer Umgebung. Mein engster Freund Eberhard kam aus Eberswalde in Brandenburg und wir verstanden uns prächtig. Und ich erinnere ich mich noch an zwei erfreulichere Ereignisse. In der Grundschule freundete mich mit der Tochter eines Schlachtermeisters an. Sie brachte mir jeden Tag ein Butterbrot aus der nahe gelegenen Schlachterei ihres Vaters mit. Und das zweite Erlebnis: Unser Geschichts- oder Heimatkundelehrer Herr Waller – ich weiß nicht mehr, welches Fach er hauptamtlich unterrichtete – erklärte uns die Umgebung von Cuxhaven bis ins Detail: den Galgenberg, Sahlenburg, Schloss Ritzebütel usw. Er brachte uns die Orte so nahe, dass ich ein Fan von Cuxhaven und Umgebung wurde.

Die ersten fünfeinhalb Schuljahre war ich wohl behütet und manchmal auch ein ziemlich fauler Schüler. Auf dem Gymnasium begann der Englisch-Unterricht und ich konnte nach sechs Wochen noch kein einziges englisches Wort aussprechen. Meine Klassenkameraden konnten dagegen schon sagen: „I stand up; I opened the door" etc. Aber auch das führte bei mir zu keiner seelischen Belastung. Ich zeigte große Gelassenheit und hatte die Hoffnung, dass ich das schon noch erlernen würde.

Am Ende dieser anderthalb Jahre Gymnasium gab es ein bisschen Ärger, weil wir nach Bremen verzogen und ich dort wieder auf die Volksschule „zurück" musste, denn Bremen hatte zu jener Zeit die sechsjährige Grundschule. Nach dem Umzug bin ich also noch einmal für ein halbes Jahr auf die Volksschule an der Schmidtstraße gegangen. Mit dem Schuljahreswechsel kam ich auf das Bremer Gymnasium „Am Barkhof" (Birkenhof). Durch den Einsatz meiner Eltern musste ich zumindest die Aufnahmeprüfung für das Gymnasium nicht wiederholen.

Mein Vater war in Bremen beim Finanzsenator angestellt. Er war zuständig für die Arrondierung von Grundstücken in Bremerhaven, die für die Wohnunterkünfte der Besatzungsmacht in der amerikanischen Zone vorgesehen waren. Mit den Amerikanern kam er gut klar und sie mochten ihn, im Gegensatz zu den ansässigen Bauern, die ihr Land für das Bauvorhaben hergeben sollten. Es kam vor, dass sie ihn manchmal von den Feldern jagten. Aber auch das hat, zumindest bei mir, nicht zu traumatischen Überbleibseln im Leben meiner Jugend geführt – vielleicht bei meinem Vater.

In Bremen hatten wir eine schöne Wohnung in der Lübecker Straße am Weserstadion, das damals noch nicht so burgartig ausgebaut war wie heute. So konnte ich gelegentlich am Sonntag – da fanden die Spiele zur Oberliga noch sonntags statt – über den Zaun klettern und so wurde aus mir ein Werder-Fan.

Auf dem Gymnasium „Am Barkhof" verbrachte ich die Zeit bis zur zehnten Klasse. Wie die Geschichte lehrt, wurde 1955 in Westdeutschland wieder eine Wehrmacht gegründet, die Bundeswehr. Mein Vater bewarb sich in seinem ehemaligen Dienstgrad als Fregattenkapitän. Er wurde auch angenommen und 1957 in Wilhelmshaven nicht nur eingestellt, sondern er erhielt auch seinen ersten Dienstposten in Wilhelmshaven, beim Marineabschnittskommando Nordsee, wie das damals hieß. Also packten wir wieder unsere sieben Sachen und zogen in der zweiten Hälfte des Jahres 1957 nach Wilhelmshaven.

Der häufige Wechsel der Schulen: Grundschule, Gymnasium, wieder Grundschule, anderes Gymnasium und nochmals ein neues Gymnasium, führte dazu, dass ich, als wir nach Wilhelmshaven kamen, kein guter Schüler war. Und prompt blieb ich in der elften Klasse sitzen. Das hat mich aber nicht weiter traumatisieren können, sondern ich habe die Klasse wiederholt, war ab sofort sogar ein guter Schüler und habe 1961 das Abitur bestanden, mit guten Noten.

In Wilhelmshaven hatten wir relativ schnell eine schöne Wohnung in der Viktoria-Straße bekommen, die dem Bauunternehmer Rech gehörte. Da der Dienstposten meines Vaters in der Disposition der Bundeswehr ziemlich wichtig war, bekamen wir sehr schnell diese Wohnung über die Wohnungsvermittlung der Standortverwaltung zugeteilt. Die Häuser, die damals zu Beginn der Bundeswehr-Zeit in Wilhelmshaven gebaut wurden, waren alle „Bundesdarlehenswohnungen", deren Bau fiskalisch gefördert wurde und bei denen der Bund daher das Belegungsrecht hatte.

Nun kam wieder das Erleben, das ich bereits am Anfang erlebt hatte, dass die See und das Meer maßgeblich mein Leben bestimmen sollten. In Wilhelmshaven trat ich in einen Segelclub ein. Mein Vater sorgte dafür, dass ich ganz früh mit einem seiner Offiziere nach Helgoland mitsegeln durfte. Damals war auf Helgoland die Südbaracke noch ein Heim für Bauarbeiter, in das man nur mit Gummistiefeln reingehen konnte, weil dort das Bier „bis zum Knöchel" stand. Auch gab es noch keine richtigen Anleger auf der Insel. Wenn ich mich richtig erinnere, war der Bootsführer auf dieser Segeltour der Oberleutnant zur See Rudolf Ahrendt, der später als Konteradmiral Chef des Stabes im Führungsstab Streitkräfte (FüS) in Bonn wirkte.

Auf Segelfahrt nach Helgoland, 1959

In der Zeit bin ich auch durch die Vermittlung meines Vaters einmal beim 2. Minensuchgeschwader mitgefahren. Die Fahrt ging von Hamburg nach Wilhelmshaven und ich bin auf einem Boot gewesen, auf dem der I. Wachoffizier (I WO) „Braun" hieß. Er war ein netter Kerl, der mich skeptisch ansah, was ich denn da wollte. Dabei wollte ich den Dienstbetrieb nicht stören, doch damals waren eiserne Beschläge an den Schuhsohlen „modern" und das machte auf den Flurplatten einen unheimlichen Lärm, der die Maschinengeräusche bei weitem übertönte. „Blue" Braun wurde später in Bonn Stellvertreter des Inspekteurs der Marine und danach als Vizeadmiral Befehlshaber der Flotte in Glücksburg.

Nach dem Abitur wollte ich eigentlich Schiffbau oder Schiffsmaschinenbau studieren. Aber das kam überraschend anders. Es galt die Wehrpflicht von 18 Monaten und ich habe mich bei der Marine als Reserveoffiziersbewerber (ROB) gemeldet. Ich wurde auch in Wilhelmshaven, Werfttor 1, angenommen und trat am 4. April 1961 als ROB in Glückstadt in die Bundesmarine ein.

Ein Erlebnis, das hätte traumatisierend wirken können, hatte ich gleich zu Beginn meiner Dienstzeit. Die Anreise von Wilhelmshaven nach Glückstadt erfolgte per Bahn und auf der Fahrt vom Bahnhof zur Glückstädter Kaserne saß ich auf der Ladefläche eines Bundeswehr-Lastwagens, mit freiem Blick nach hinten. Wir steuerten das Haupttor der Kaserne des Marineausbildungsbattalions an: Plötzlich wurde es dunkel und dann wieder hell. Zurück blickend – ich konnte gut nach hinten Ausschau halten – sah ich die „Öffnung", die Tordurchfahrt, die wir gerade passiert hatten, als ein schwarzes Loch. Und ich dachte: „So, jetzt haben sie dich im Mauseloch. Da gibt es kein Zurück", und mir wurde klar, „jetzt geht ein anderes Leben erst richtig los". Doch hat mich dieses Erlebnis nicht weiter zu Traumatisierungen geführt. Die Grundausbildung ging ich sportlich und sehr ehrgeizig an, wie auch meine

Reservisten-Kameraden. Die Reservisten wollten besser als die Berufsoffizieranwärter (BOA's) sein und gewannen am Ende fast alle Preise der Kompanie-Wettkämpfe. Das führt heute noch auf den Crewfesten zu Diskussionen zwischen den Berufs- und den Reserveoffizieren!

Als meine Wehrdienstzeit von 18 Monaten zu Ende ging – kurz vorher herrschte die Kuba-Krise –, gab es die Möglichkeit, dass sich die Reserveoffizieranwärter als Soldaten auf Zeit auf zwei Jahre (SaZ 2er) verpflichten konnten. Es gab sofort ein festes Gehalt. Da ich inzwischen eine Freundin hatte, die nach meinen Vorstellungen mitfinanziert werden musste, verpflichtete ich mich für eine längere Zeit, sechs oder acht Jahre. Später bewarb ich mich als Berufsoffizier, machte die Prüfung bei der Offizierbewerber-Zentrale in Köln. Dann holte ich auf der Marineschule Mürwik den zweiten Teil des Offizierlehrganges nach, sodass ich den Befähigungsnachweis und die Voraussetzung zum Berufsoffizier hatte.

In der Marine durchlief ich zunächst die normale Laufbahn für Offiziere, also als Seekadett, Fähnrich zur See. Als Leutnat zur See war ich Wachoffizier (WO) auf einem Minensuchboot und schließlich Kommandant des Minensuchbootes „Rigel" im 1. Minensuchgeschwader in Flensburg.

Nach dem Abitur wollte ich, wie gesagt, eigentlich Schiffbau oder Schiffsmaschinenbau studieren, strebte also einen zivilen Werdegang an. 1972 meinte die Personalführung der Bundesmarine, ich hätte noch nicht genug gelernt, und ich wurde für ein Studium vorgesehen. Im Oktober 1972 trat ich als „Studienoffizier der Marine" an der Technischen Universität Hannover, an der bereits andere Marineoffiziere studierten, ein Studium in Schiffsmaschinenbau an. Das Studium schloss ich 1978 mit dem akademischen Grad Diplom-Ingenieur ab.

Seefahrtsbuch Karsten Eckermann

Nach so langer Zeit an Land, drängten sich See und Seefahrt wieder in den Vordergrund. Neben den Pflichtvorlesungen hatte ich eine Spezialvorlesung „Nukleare Schiffsantriebe" belegt, die von Professor Dr. Schafstall, Direktor der „Gesellschaft für Kern-energieverwertung in Schiffbau und Schifffahrt (GKSS)" in Geesthacht, angeboten wurde. Die GKSS betrieb u.a. die „NS Otto Hahn", das einzige deutsche Seeschiff mit Kernenergieantrieb. Es ergab sich, dass er mich zu einer Mitfahrt auf der „Otto Hahn" einlud. Die Personalabteilung der Marine zog bei der Realisierung des Vorhabens zügig mit und am 2. August 1976 schiffte ich mich auf der „Otto Hahn" ein. Die erste Reise ging zu Einstellungsjus-tierungen in die Nordsee, an die sich unmittelbar darauf die zweite Reise von Rotterdam nach Rio de Janeiro und zurück nach Ham-burg anschloss. Sinnigerweise hatten wir auf der Rückfahrt Kohle geladen. Insgesamt konnte ich in den Wochen an Bord eine Menge über eine Technik lernen, aus der sich Deutschland leider bald darauf aus finanziellen und politischen Gründen zurückzog.

Die „Otto Hahn" im August 1976 vor dem Zuckerhut von Rio de Janeiro

Unmittelbar nach dem Studium versetzte mich die Marine als Schiffstechnischen Offizier (STO) auf den Zerstörer „Schleswig-Holstein", der für einen Einsatz in der STANAVFORLANT (Standing Naval Forces Atlantic) vorgesehen war. In die „STANAV", wie die Kurzbezeichnung lautete, stellten die maritimen NATO-Staaten jeweils ein Schiff von der Größe eines Zerstörers, einer Fregatte oder Korvette ab. Verbandsführer war zu der Zeit ein kanadischer Kommodore, dessen Wahlspruch „Work hard – play hard" war, und der auch danach vorging. Von Rouen ging es im Mai 1978 in die Irische See, den Nordatlantik, nach Norwegen und Den Helder. Also in den nordöstlichen Teil des NATO-Seegebietes. Anfang September liefen wir wieder im Heimathafen Wilhelmshaven ein.

Ich wechselte als STO auf den Zerstörer „Hamburg" und bereitete die nächste Reise vor. Nach einem Intermezzo beim „FOST", dem „Flag Officer Seatraining", einer englischen Ausbildungseinheit in Portland, rückten die Vorbereitungen einer Westafrika-Reise in den Vordergrund.

Im Januar 1979 verließen wir Wilhelmshaven, kurz bevor die Schneekatastrophe einsetzte, und fuhren über Brest und Toulon im Mittelmeer nach Praia auf den Kapverdischen Inseln. Bei einem Bordempfang dort stellte ich mit Verwunderung fest, dass die Chinesen schon seit zehn Jahren Entwicklungshilfe betrieben, als davon in Deutschland noch gar keine Rede war.

Die westafrikanische Küste befuhren wir von Nord nach Süd. Wir besuchten den Senegal, Liberia, Ghana, Togo, die Elfenbeinküste, Nigeria und Kamerun. Es war eine anstrengende Reise, in jedem Land Empfänge mit hochrangigen Gästen, aber auch hoch interessant und lehrreich.

Insgesamt stelle ich rückblickend fest, dass ich von der See, dem Meer bestimmt, eine recht zufriedenstellende und erfüllte Laufbahn mit ca. elf Jahren Seefahrtszeit hatte. Ich durfte noch zwei Dienstposten bei der NATO in Brüssel bekleiden, und nach sechs Jahren im Ausland wurde ich schließlich Abteilungsleiter Material im Marineunterstützungskommando (MUKdo) in Wilhelmshaven-Rüstersiel. Dort habe ich meine Dienstzeit bei der Marine nach 39 Jahren im Jahre 2000 beendet.

Damit endeten aber auch die „aktiven" Seereisen, auf denen ich auf meiner jeweiligen Station tätig geworden war. Schon bald merkte ich, dass nur an Land zu sitzen, meine Sache nicht war: Ich wollte immer wieder einmal zur See fahren. Wie war das möglich? Nun, ich schloss eine „passive" Seefahrtszeit an, in der ich Mitfahrer war als Tourist auf Kreuzfahrt.

Ich will diese Schrift nicht durch Detailbeschreibungen verlängern, sondern nur die wesentlichen Stationen nennen und vielleicht einzelne besondere Erlebnisse, die mich vor allem beeindruckten, erwähnen.

Es begann mit einer Reise in die Antarktis, die mit einem Vorlauf in Buenos Aires anfing, eigentlich aber mit dem Transfer nach Ushuaia und der Einschiffung auf der „Alexander von Humboldt" am 23. Mai 2016 los ging. Und zwar ruhig los ging. Noch im Bereich Feuerland erreichte uns am 28. Mai um 03:08 Uhr in der Magellanstraße ein Orkantief mit Windstärke 12 plus, wie ich es in meiner gesamten Seefahrtszeit noch nicht und nie wieder erlebt habe.

Wir erreichten dann aber heil die unvorstellbar weite, weiße Eiswelt der Antarktis, fuhren auf den Spuren des Forschers Shackleton durch die Drake-Passage der Antarktischen Halbinsel entgegen. Eisschollen mit mehr als 60 km Ausdehnung bestimmten unseren Kurs. Auf eisfreien Inseln watschelten ungezählte Pinguine, die einen schlimmen Gestank verbreiteten. An der Nordspitze der Antarktischen Halbinsel erlebten wir den Tafelberg Brown Bluff und die argentinische Station „Esperanza", ein Versuch der Argentinier, dem Antarktis-Vertrag zuwider, mit einer Besiedelung in der Antarktis Fuß zu fassen und Landbesitz zu erzwingen.

In Elefant Island stießen wir wieder auf die Spuren von Shackleton und seiner Fahrt im offenen Boot bis nach Grytviken in Südgeorgien. Dort besuchte ich das Grab von Ernest Shackleton auf dem kargen Friedhof des Ortes, der früher eine blühende Walverarbeitungssiedlung gewesen war. Nur verrostete Arbeitsgeräte, Kessel und Ruinen von Fabriken und Unterkünften erinnerten noch an die Blüte.

Über Port Stanley (Falkland-Inseln), Punta Arenas (Chile), Iquique (Chile) wechselten wir dann in den Pazifik, fuhren entlang der Küste nach Callao/Lima (Peru), von wo es per Flieger nach Deutschland ging.

Ein wenig schlichter gestaltete sich eine Nordmeerreise, die aber auch voller aufregender Ziele und vieler neuer Erfahrungen war.

Eine Seereise ins östliche Mittelmeer ging im März 2013 von Genua über Ostia (Rom) nach Sizilien, wo kurz zuvor der Ätna eine ziemliche Menge Asche ausgestoßen hatte. Weiter über Malta, Athen, wieder Richtung Nord über Dubrovnik und das Adriatische Meer nach Venedig. Beeindruckend, aber kaum zu glauben, dass den großen Schiffen die Einfahrt durch den Canale Grande in den dahinter liegenden Hafen erlaubt war.

Der Mai 2016 sah uns dann auf einer Nordland-Reise, die uns vom 23. Mai bis 9. Juni 2016 in das Gebiet führte, wo die Sonne nicht untergeht. Von Kiel aus fuhren wir auf „AIDAluna" durch das Skagerrak Richtung Orkney-Inseln nach Kirkwall und weiter nach Reykjavik (Island). Dort besuchten wir noch zwei weitere Orte, Isafjördur und Akureyri, wo wir insbesondere die heißen Quellen genossen. Es war schon ein prickelndes Gefühl, in den offenen Quellen im heißen Wasser zu zappeln und in nicht allzu großer Entfernung die schneebedeckten Hügel zu sehen.

Nach Überqueren des Polarkreises nach Norden erreichten wir Longyearbyen auf Spitzbergen. Hier wurde andauernd vor den aggressiven Eisbären gewarnt: Spazierengehen außerhalb der Gebäude nur mit Gewehr (jeder Einheimische hat eins) – gesehen haben wir während unseres Aufenthaltes kein einziges Tier. Weiter südlich erreichten wir Honningsvåg und von dort das Norkap. Eine imposante Stelle auf diesem Globus. Über Tromsø, entlang der Lofoten, Gravdal, Bergen und zurück nach Kiel.

Bisher krönender Abschluss meiner „passiven" Seefahrtszeit war eine Reise rund um die Welt auf dem englischen Schiff „MS Columbus". Los ging es am 6. Januar 2019 ab Amsterdam und dann immer westwärts, bis wir am 6. Mai 2019 wieder in Amsterdam einliefen.

Stationen waren Ponta Delgada (Azoren), Bridghetown (Barbados), Oranjestad (Niederländische Antillen). Am 22. Januar passierten wir bei Tageslicht den Panamakanal und hatten die riesigen Weiten des Pazifik vor uns. Puerto Quetzal (Guatemala), Acapulco (Mexiko) waren die nächsten Ziele, bevor wir uns von der Küste lösten und Nuku Hiva in Französisch Polynesien anliefen. Papeete sowie Bora Bora im selben Archipel ließen uns in eine völlig andere, fremde Welt eintreten. Inzwischen hatten wir den gezählten 12.02.2019, einen Tag, der einfach ausfiel, weil die Internationale Datumsgrenze erreicht war.

Über Nuku'alofa (Tonga) ging es nach Neuseeland. Auf den zwei Inseln besuchten wir jeweils zwei Orte, wobei mir natürlich Auckland am besten gefiel. Eine pulsierende Stadt voller Leben, viel Kultur, Geschäfte. Von dort ging es nach Australien, Sydney, Yorkeys Knob (Great Barrier Riff), und weiter über Japan, China (Shanghai, Hongkong), Vietnam (Hanoi, Ho-Chi-Minh-Stadt), Thailand, Singapur, Malaysia, Kochi (Indien) nach Mumbai.

Oft stand ich fassungslos, mit welchem Trempo die Städte offensichtlich aus dem Boden hochgezogen worden waren. Vergleiche mit Deutschland boten sich nur selten an.

Salalah (Oman), Safaga (Ägypten), Aqaba (Jordanien) waren dann wieder Länder, die von ihren geschichtlichen Erinnerungen lebten. Am 24. April 2019 passierten wir den Suezkanal von Süd nach Nord.

Ein altes Lied, gesungen von Hans Albers, kam mir in den Sinn:

> Einmal noch nach Bombay
> Oder nach Schanghai.
> Einmal noch nach Rio
> Oder nach Hawaii.
> Einmal durch den Suez
> Und durch den Panama.
> Wieder nach Sankt Pauli,
> Hamburg Altona.

Ja, das liegt nun alles hinter mir. Auch die „passive" Seefahrt geht langsam zu Ende.

Mein Leben war in der Tat von Meer und Schifffahrt bestimmt. Erinnerungen an Krieg, Flucht, materielle Not oder Hunger haben keine bestimmende Rolle gespielt. Vor allem waren sie nicht geeignet, traumatisierende Wirkungen zu entwickeln. Ich denke, dafür muss ich auch und besonders meinen Eltern danken.

Goldenes Seefahrerabzeichen
Bundesmarine / Deutsche Marine

Literaturhinweise:

Ausführlichere Darstellungen zu den Absätzen über die Zeiten auf der „Otto Hahn" und in der Schiffsicherungs-Lehrgruppe sind zu finden in meinen Aufsätzen in:

Ratzel, Gerhard (Hg.): Unsere Crew IV/61 – Persönliche Eindrücke und Erlebnisse … Kiel : Hansadruck, 2018:
- Einmal Rio … und zurück – Zwei Monate Praktikum auf der OTTO HAHN, S. 428-434 und in:
- „Von der Schiffsicherung zum „Inneren Gefecht" – Kommandeur der Lehrgruppe Schiffsicherung, S. 153-161

Angaben zum Passagierschiff „Iberia" sind nachzulesen in:
Rothe, Claus: Welt der Passagierschiffe unter Hammer und Sichel. Herford : Busse Seewald, 1994 und im Wikipedia-Artikel „Pobeda (Schiff, 1928)"

Irokesen-Häuptling.
Zeichnung Z. Burian in Cooper: Lederstrumpf

Als Kriegskind in den Vereinigten Staaten
Leben und Denken in den 1940/50ern

Von Steve Kime

Elternhaus

New Albany in Indiana ist der Inbegriff des Mittleren Westens der USA. Es dürfte schwer sein, einen noch typischeren Ort zu finden, der im Mainstream des Landes schwimmt.

Als ich dort 1940 geboren wurde, hatte der Ort etwa 30.000 Einwohner. Das Gebiet, das von den Einheimischen „Kentuckiana" genannt wird, hat eine interessante Geschichte. Sie ist unter anderem geprägt durch Shawnees und Irokesen, durch Pioniere wie Daniel Boone (Lederstrumpf) und Siedler, darunter die Familie von Abraham Lincoln, wie auch meine Familie.

Die Familie der Großmutter väterlicherseits zählte zu den frühen Siedlern von Kentucky. Sie zogen im Treck nach Norden über den Ohio. Der Urgroßvater Wilhelm Martin Kime wurde in Pennsylvania geboren und diente im Mexikanischen Krieg. Auf dem Weg zurück über das Fluss-System, um nach dem Krieg nach Hause zurückzukehren, lief sein Boot bei den Ohio-Wasserfällen auf Grund und er schwamm ans Ufer. Er heiratete die Tochter eines Müllers aus Kentucky und verbrachte den Rest seines Lebens in Indiana.

Der Fluss Ohio und sein Wasserfälle verhalfen New Albany zu einer geographischen Schlüsselstellung, da sich das besiedelte Land dem Fluss folgend nach Westen ausdehnte. Seine Glanzzeit war Mitte des 19. Jahrhunderts, als New Albany eine der größten und reichsten Städte im Mittelwesten war. Das erste Flachglas Amerikas wurde in New Albany gezogen. Der Boom endete an der Wende zum 20. Jahrhundert, als auf der Kentucky-Seite des Ohios die Stadt Louisville wuchs und wuchs, da die Wasserfälle mehr und mehr durch Schleusen umgangen werden konnten.

Mit der Industrialisierung wurden Eisenbahnen immer lebenswichtiger und so finden wir in meiner Familie viele Eisenbahner. Wilhelm M. Kime, der ein durchschnittliches Leben führte, entschloss sich, mit der Familie nach New Albany, Indiana zu ziehen. Es war die Zeit, als sich der „American Way of Live" entwickelte.

Harry E. Yoyles war Hausarzt in New Albany, zu einer Zeit, als noch die Babies zu Hause geboren wurden. Er machte noch Hausbesuche, bevor diese gesetzlich unterbunden wurden. Am dritten Dezember 1940 wurde ich, Steve, als Zwillingskind geboren, als achtes Kind eines Eisenbahn-Bremsers. Ein Jahr später wurde als neuntes und letztes Kind der Familie Harry Eugene geboren.

Meine Generation erschien, als vier Dekaden nachdem der Boom in New Albany geendet hatte, die dunklen Wolken eines Krieges heraufzogen. Meine Generation unterscheidet sich einerseits deutlich von der Generation, die den II. Weltkrieg ausfocht und andererseits von der Elterngeneration, die in den Roaring Twenties und der Depression aufgewachsen war. Ich bin in den 1940ern geboren, bevor der Baby-Boom kam. Ich wuchs auf zwischen einer „benachteiligten" heroischen und einer „anspruchsvollen" Generation.

Der Krieg während meiner frühen Kindheit war „The Big One". Der II. Weltkrieg zerrte an der Gesellschaft und der Wirtschaft. Möglicherweise hat The Big One die Wirtschaft gerettet, aber alle Kinder wie ich mussten erfahren, dass es an allem mangelte. Jeder kämpfte gegen jeden und die jungen Männer waren weg, um Deutsche und Japaner zu killen.

An erster Stelle waren die Germans die Bad Guys, obwohl alles, was wir kannten, deutsche Wurzeln hatte. Es war seltsam, deutschstämmige Leute zu hassen, die unsere Cousinen, Verwandten oder nächsten Nachbarn waren – und Engländer zu lieben, deren Groß- väter gegen unsere Großväter gekämpft hatten, in der Revolution und im Jahr 1812. Doch da die Erwachsenen darüber nicht allzu- sehr zu reflektieren schienen, machte es damals Sinn. Allerdings hassten die Veteranen des I. Weltkrieges die Deutschen, die damit fortfuhren so schreckliche Dinge zu tun, dass die Amerikaner mit deutschen Wurzeln immer mehr entfremdet wurden.

Es war einfacher, die „Japsen" als die Deutschen zu hassen, da sich die Amerikaner mehr über die Japaner als über die Deutschen aufregten, nicht nur wegen Pearl Habour und dem Tod von 2.400 Seeleuten. Rassismus machte es einfacher, Japaner zu hassen. Kinder in der Nachbarschaft „erschossen" sie beim Spielen, ge- nauso, wie kleine Cowboys kleine Indianer erschossen. Keiner in New Albany zweifelte auch nur eine Sekunde daran, dass Japan- Amerikaner wie Verräter wären und daher in Camps zu internieren wären. Es war nicht das erste Mal, dass auf Amerikas Weg von der Wildnis zur Superpower offenkundige Ungerechtigkeit akzeptiert wurde. Fragt die Ureinwohner Amerikas. Offenkundig ungerechte Schicksale übertrumpften oft, was wir manchmal als „Amerikani- sche Werte" bezeichnen.

Aber es ist scheinheilig, jetzt politische Korrektheit zu fordern und so zu agieren, als ob die Internierungslager falsch gewesen wären. Sie sind ein schlimmer Teil unserer Geschichte und nicht mit unseren Werten zu vereinbaren, mit den Fakten über die un- glücklichen Leute, die dort gefangen gehalten wurden, die wir jetzt kennen. Doch die Entscheidung fiel in einer völlig anderen Zeit und unter anderen Umständen. Dasselbe gilt für Truman's Einsatz der Atombombe. Ein schlimmes Ereignis, das aber aus der damali- gen Zeit und Situation heraus verstanden werden muss. Sicher würden wir heute, im Jahr 2015, keine Japan-Amerikaner internieren, aber wir dürfen nicht die Geschichte verdrehen und mit Maßstäben der Gegenwart arbeiten.

Die Big Plant Company in Jeffersonville schickte Schießpulver an die Front. Tausende arbeiteten hier und mussten Überstunden machen, Frauen nähten Uniformen. Überstunden waren eine einkömmliche Sache. Aber Gasolin und Zucker gab es nur wenig und es gab keine neuen Autos. Der Krieg, der paradoxerweise die Wirtschaft ankurbelte und aus ihrer Depression zog, verschlang alles und traf jederman.

Für Kleinkinder, solche im Trotzalter oder kleine Bürschchen, wie mich, waren die Radio-Meldungen dramatisch und sehr beängstigend, da es aufregende Nachrichten gab, dazu in einem lautstarken Ton.

Meine Brüder waren in ihren Uniformen der Navy und der Marines unsere Helden. Der jüngere Bruder brachte, als er auf Urlaub kam, ein Gewehr mit nach Hause, bevor er in die Schrecken des Pazifikkrieges bei Palau und Iwo Jima musste. Er hängte seine Rifle an einen Haken im Erdgeschoss und ergriff sie wieder, als er in den Krieg zog. Mutter weinte.

Meine Erinnerungen an die Kindheitsjahre sind kriegsbezogen. Ich erinnere mich, dass ich meinen Bruder, den jungen Martin Kime junior an der Eingangstür in Marines-Uniform sah. Es war befremdlich, dass er an die Tür geklopft hatte, als ob er irgendein Fremder wäre. Ich erinnere mich an Mutter, eine grauhaarige Frau im Hausdress im Alter von 38 Jahren, wie sie aufschrie, als sie ihn erblickte.

Der Junior, ein hoffnungsvoller junger Mann mit einem großen Sinn für Humor, richtete das Weihnachtsdinner aus, bevor er in den Einsatz ging. Es gab Trauer und Verwirrung, als die Titelseite des Life Magazine eine Aufnahme zeigte mit einer explodierenden Bombe im Hintergrund. Mutter dachte, es sei ihr Junge abgebildet.

Als der Krieg vorbei war, erlebten Kinder und Erwachsene ein Nachkriegs-Aufatmen, das das Land überschwemmte. Jeder sah Eisenstaedt's Photo von einem Seemann, der am Victory Day ein Mädchen küsste. Im August 1945 konnte sich die Nation wieder freuen.

Sechs Dekaden später sprach mein großer Bruder, jetzt in den 80ern, endlich über die Schreckenszeit im Pazifik. Er weinte. Er hatte nie darüber gesprochen, aber er musste sich seinem jüngeren Bruder gegenüber aussprechen, der inzwischen ein älterer Marine-offizier a.D. war. Er hatte sich mit einem Photographen des Life Magazine's angefreundet, der während des Krieges tausende von Photos gemacht hatte. Eines davon war im Life Magazine erschienen. Mein Bruder zeigte mir hunderte von Photos. Einige zeigten Körper, die wie Holzscheite gestapelt waren. Er war dazu angehalten, jeden, der sich noch bewegte, mit dem Bajonett zu erstechen. Er musste mit ansehen, wie einer seiner Jugendfreunde starb. Und er wurde heimgesucht von der Vorstellung, dass es „freundliches Feuer" in einer höllischen Situation war, das den Jungen tötete. Posttraumatische Belastungsstörungen waren damals unbekannt, in einer Macho-Zeit, in der jede sich hinziehende Krankheit als beschämende Schwäche ausgelegt wurde. Als Junge der Scherzbold der Familie, mied er, als er vom Big One zurückkehrte, die Familie und zog sich aufs Land zurück. Er hat die Photos wohl verbrannt nachdem er sie mir gezeigt hatte. Jedenfalls wurden sie nach seinem Tod nicht gefunden.

Erwachen

Unter den Arbeiterfamilien der letzten 1940er Jahre verbreitete sich ein Gefühl allgemeinen Wohlstandes aus. Amerika war aus

Depression und Krieg herausgekommen und für ein paar Jahre die einzige Supermacht auf dieser Erde. Dieses einem Gulliver ähnliche Erwachen, war für die Bevölkerung wie eine frische Brise.

Die politische Klasse nutzte dieses Nachkriegs-Erwachen des amerikanischen Gullivers, um die Rolle, die unser Land in dieser Welt spielen sollte, zu verdrehen. Beide, die Linke wie die Rechte fanden Gründe, eine globale, internationale Rolle für Amerika voranzutreiben. Beide gingen zu weit. Denn dieser Aufbruch brachte ebenso häusliche Sozialaufgaben, die in der amerikanischen Kultur tief eingebettet waren, an die Vorderfront des amerikanischen Bewusstseins. Als ein höchst sichtbares Symbol des heimatlichen Interesses integrierte Präsident Truman die Streitkräfte. Und das Baseball-Team der „Dodgers" nahm den Schwarzen Jackie Robison als ersten Schwarzen in das Baseball-Team der Major Leagues auf. Damit wurde 1947 Geschichte geschrieben: Ein Schwarzer als Symbolfigur für die Rassenintegration im amerikanischen Profisport und der Gesellschaft.

Arbeiterfamilien besaßen immer noch nicht viel, aber wir waren uns nicht bewusst, dass es nicht genug war. Heute, im Jahr 2015, würde man uns sagen, dass wir etwas unter der US-Armutsgrenze liegen, die aber höher liegt als das wirtschaftliche Level der weitaus größeren Mehrheit der Menschheit. Die Arbeit war für Männer nicht immer leicht und überforderte manchmal die Frauen, sogar im blühenden Nachkriegs-Anerika. Wir verspeisten ungeheuere Mengen an Weizenmehl und Roosevelt's „Ein Hähnchen in jedem Suppentopf!" war in Arbeiterfamilien ein rarer Vogel.

Aber das Leben war gut! Der Eismann gab manchmal den Kindern ein Stück Eis zum Lutschen. Ein viertel Liter Milch mit Sahne darauf musste für acht oder neun Personen herhalten. Der Lumpensammler, der vermutlich noch weniger als wir hatte, zog in einem alten Fuhrwerk, das von einem Pferd gezogen wurde, die

Alleen hinunter. Doch wer war sich überhaupt bewusst, dass wir arm waren?

Einen bedeutenden Anteil am Aufschwung der Amerikaner nach dem II. Weltkrieg hatte die zunehmende Mobilität. Die Leute fuhren und sie fuhren umher. Es war, als ob sie von der Leine gelassen worden wären, um ihre Freiheit zu demonstrieren. Das Liebäugeln mit dem Verbrennungsmotor, das während der Depression und des Krieges unerwidert geblieben war, wurde neu belebt.
Außerdem entstanden Vororte und sie wuchsen an. Bald sollte ein „Interstate Highway System" entstehen, das ein modernes Weltwunder war. Auch kleine Geschäfte blühten auf und jede Ecke und jeder Winkel dieses Landes wurde zugänglich.

Der rasche Wechsel brachte wachsende Schwierigkeiten mit sich. Aber die meisten Leute sahen mehr die Vor- als die Nachteile. Der größer werdende amerikanische Kuchen bedeutete, dass mehr Leute ein Stück vom Kuchen haben wollten. Lange köchelndes Verweigern des Zuganges zu den Früchten amerikanischen Wohlstandes, das meist offensichtliche Verweigern des Zuganges für die Schwarzen, die Generationen lang Unwürdigkeit und Benachteiligungen erleiden mussten, begann in den frühen 1950ern hochzukochen. Im weißen Amerika, in dem ich aufwuchs, wurde das wohl bemerkt, aber es wurde nicht deutlich genug – das kam erst später. Da mussten noch ein paar Schuhe durchgelaufen werden.

Eine der negativen Auswirkungen der Auto- und Highway-Revolution war der Niedergang der Eisenbahnen. Das war hart für Familien wie die meinige, die gerade einen kleinen finanziellen Fortschritt erlebt hatten. Für die Nation bedeutete es die Abhängigkeit von Öl, was umgekehrt für einige innen- und außenpolitischen Unternehmungen jetzt offensichtlich falsch und kurzsichtig, aber mit dem Fortschritt und internationalen Zielen vereinbar war.

Öl machte die großen Businessmen zu sonderbaren Genossen der Progressiven und Internationalisten.

Der falsche Schwenk von der Schiene zur Autobahn verursachte auch das Entstehen der Gewerkschaft der LKW-Fahrer, veränderte die Gewerkschafts-Landschaft und wurde für einige zur Hölle. Die LKW-Fahrer und Fernfahrer ließen die Brüderschaft der Eisenbahner wie Pfadfinder aussehen. Tatsächlich begann die Gewerkschaftsbewegung von der Art der bisherigen Beziehungen abzuweichen, wie sie sich die meisten amerikanischen Arbeiter, die keine militanten Revolutionäre waren, gegenüber den Betriebsleitungen vorgestellt hatten. Diese Periode markierte den Beginn eines stetigen Abstiegs des Gewerkschaftswesens. Die Gewerkschaften überlebten zwar ihre kurzfristigen Zwecke, wurden aber schwächer, als sich die Unverträglichkeit ihrer Herrschaft mit unseren Grundwerten abzeichnete. Die Gewerkschaften konnten ihr Ableben dadurch hinausschieben, dass sie in Teilen progressive Politiker unterstützten. Im Gegenzug dienten diese den Zielen der Gewerkschaften. Dieses Spiel zieht sich bis in die Gegenwart hinein.

Ein 39er Chevrolet

Nach dem Krieg, als wir etwas Benzin hatten, suchte Dad unsere Familienwurzeln in dem unglaublich katholischen Gebiet von West Kentucky auf, wo beinharte Farmer und fromme Familien mit unzähigen Kindern leben. Sein Bruder John lebte dort mit 14 Kindern. Es war eine epische Reise von 85 Meilen in einem 1939er Chevrolet nach Sunfish, Kentucky. Dad dachte, 35 Meilen pro Stunde wären schon Lichtgeschwindigkeit. In diesen Familien gab es nachts keine Heizung und mehrere Kinder teilten sich ein Bett, um sich warm zu halten. Früh mussten die Kinder zuerst hart arbeiten, bevor sie sich auf den Schulweg machen konnten. Um vier Uhr früh wurden die Kühe gemolken, um fünf Uhr gab es Biscuits mit einem Stückchen frisch gequirlter Butter und frische Eier.

Eines Morgens wurde ich mit meinem 13 Jahre alten Cousin losgeschickt, um noch vor Sonnenaufgang Eichhörnchen zu jagen. Er erlegte mit seinem Gewehr Kaliber 22 drei Eichhörnchen, als sie am selben Baum von Ast zu Ast sprangen. Auf dem Weg nach Hause warnte er mich, dass die „Crazy Lady" die Schüsse gehört haben könnte und nach uns Ausschau halten würde. Tatsächlich kam eine alte Frau aus einer Hütte und wedelte mit einem großen Revolver. Sie schoss zwei Mal und wir hielten uns nicht lange damit auf, festzustellen, in welche Richtung sie feuerte. Einige Kentucky-Pioniere leben noch! Zum Abendessen gab es dann Eichhörnchen.

Im Rahmen meiner Genealogie-Recherchen zu familiären Wurzeln kehrte ich 60 Jahre später nach Sunfish zurück. Ich besuchte die Kirche, die meine Vorfahren gebaut hatten und in der meine Großmutter getauft worden war. Im Tal bei Sunfish ist der Kirchhof voll von Gräbern meiner Vorfahren darunter von Onkel John und seinem Sohn, der posthum den Silver Star für seinen

Einsatz im II. Weltkrieg erhalten hatte. Noch andere Helden sind an diesem ruhevollen und schönen Platz begraben. Ich fand Cousins, deren Familien mit ihren Erfahrungen und Perspektiven genau das waren, was ich erwartet hatte. Es war, als ob dies der Platz war, wo das Denken unseres Landes seine Wurzeln hatte. Diese Auffassung wird sicher die Leute in New England und Virginia stören, wo unsere Gründungsväter fruchtbare Sämlinge pflanzten, doch habe ich mich oft gewundert, dass Daniel Boone nicht viele dieser Saaten anpflanzte, wenn er seine Pioniere zu Kain Tuck führte.

Katholische Kirche St. John in Sunfish

Familie und Vergnügungen

Zweimal im Jahr hatte unsere Familie ein besonderes Vergnügen. Am Unabhängigkeitstag, dem 4ten Juli, fuhren wir aufs Land zur Behausung der älteren Schwester von Dad, die in der Nähe von Pekin, Indiana lebte. Das lag nur 35 Meilen entfernt, aber es dauerte zwei Stunden, bis es Dad in seinem alten 1939er Chevrolet dorthin schaffte. An manchem Hügel musste er den Rückwärtsgang nehmen, um hoch zu kommen. Onkels, Tanten und eine Schar von Cousins setzten behelfsweise eine Tafel zusammen und alle nahmen an einem großen Picknick in „Potluck"-Art teil, zu dem die Gäste selbst etwas mitbrachten und miteinander teilten.

Tante Esther schlug ein paar Hühnern die Köpfe ab und wir Kinder beobachten ergriffen, wie die Tiere dann noch auf dem Hof herumrannten, bevor sie auf eine Wäscheleine gehängt wurden. (Das half mir später, das Gebahren im Pentagon besser zu verstehen!) Die Hühner wurden dann gerupft, bevor Esther sie zerlegte. Sie benutzte dasselbe bedrohlich große, flache Schlachtermesser, das sie auch zu allen anderen Gelegenheiten benutzte. Esther behandelte die anderen Frauen und die stämmigen Eisenbahner drum herum wie kleine Kinder. Du konntest mit Tante Esther keine Scherze machen. Wir Kinder spielten auf dem alten Hof, wo während der Prohibition Alkohol schwarz gebrannt wurde, rollten einen großen Hügel in einem dicken Reifen herunter und aßen Brathähnchen.

Dad war ein notorischer Geizkragen. Geld war von ihm schwerlich zu bekommen und er trennte sich nicht leicht davon. Sein Lieblingsspruch war: „Nimm keine hölzernen Nickels!" – nimm keine wertlosen Geldstücke an. Und: „Ein Dummkopf und sein Geld sind bald am Ende!". Ich habe noch den Geldbeutel, in der meine Mutter die paar Dollar steckte, die ihr für den Unterhalt der Familie gegeben wurden. Das Geld ging oft aus und wir haben eine Menge Haferbrei gegessen. Dad kümmerte sich erst um seine Mutter, bevor er das Geld für unseren Haushalt zuteilte. Aber Tante Esther brauchte ebenfalls Hilfe, sodass Dad für das Futter zahlte, um zwei oder drei Schweine zu mästen, bevor er sie an den Schlachter verkaufte. Umgekehrt erhielten wir frisches Fleisch von einem der Schweine. Ich musste mich mehr mit den Extremitäten und den Innereien begnügen als mit allem anderen. Vater erklärte, dies wäre für ihn das teuerste Fleisch auf Erden. Doch als er starb, konnten wir keine einzige von ihm unbezahlte Rechnung finden.

Tante Esther nahm mich unter der Armee von Nichten und Neffen kaum wahr. Als sie schwächer wurde und für ihre letzten Jahre zu ihrer Schwester in New Albany ging, besuchte ich sie ein-, zweimal. Sie hat mir niemals einen Brief geschrieben oder mit mir am Telephon gesprochen, doch als ich vom College graduierte, schickte sie mir einen Brief mit einem Dollarschein.

Das Eingangstor zum Fontaine Ferry Park.

Das Zweite, an dem wir Vergnügen hatten, war der jährliche Besuch des Fontaine Ferry Park in Louisville am „Nickel Day", dem Feiertag am 10. Mai zum Gedenken an die Bedeutung von Metallen in unserem Alltag. Auf den Besuch im 1905 von Captain Fontaine gegründeten Park haben wir das ganze Jahr gewartet. Dad, der sich an den übrigen Feiertagen bescheiden zeigte, sparte jedes Jahr auf dieses Ereignis hin. Er liebte den Amüsierpark genau wie wir es taten. Doch wir konnten erst dorthin gehen, wenn das Reiten und die Zuckerwatte, die normalerweise 12 Cent kosteten, nur noch einen Nickel, fünf Cent, kosteten. Jedes Kind erhielt eine Geldrolle mit 40 Nickels. Diese zwei Dollar wurden sparsam ausgegeben, mit großem Ernst. Wenn die Nickels ausgegeben waren, war Schluss. Es kostete einen Quarter, 25 Cent, um Achterbahn zu fahren. Wenn man nicht „unabhängig" reich war, konnte man nicht Achterbahn fahren. Oder wir besuchten einen Platz, der „Hilarity Hall" genannt wurde, eine Vergnügungshalle, in der es verschiedene Attraktionen gab. Unsere Strategie war es, so oft zu reiten, bis nur noch ein Nickel übrig blieb und dann den Rest des Tages in der Vergnügungshalle zu verbringen.

Der Park lag am Ende der O-Buslinie, wie damals auch andere Städte den O-Busverkehr an den Wochenenden zu solchen Vergnügungsparks ausdehnten. Der Park war ebenfalls durch eine Fahrt mit dem Dampfboot den Ohio abwärts von der Unterstadt Louisville's aus zu erreichen. Familien wie die meine, konnten sich die Dampferfahrt nicht leisten, doch es war eine angenehme Fahrt, mit dem Auto dorthin zu fahren, wobei man große, prachtvolle Wohnhäuser passierte. Der Platz war für unsere Familie ein idyllischer und magischer Ort.

Unser jährliches, kostengünstiges Vergnügen im Fontaine Ferry Park erwies sich als eine Kindheits-Illusion. Sie platzte während Amerikas unruhigen Zeiten in den späten 1960er Jahren, während der Rassenunruhen, denn der Platz war für Afroamerikaner nicht zugänglich. 1968 fanden im Westend von Louisville heftige Rassenausschreitungen statt. Im Frühjahr 1969 verursachten Rassen-Protestler große Schäden, die schließlich zur Schließung des Parks führten. Das Schicksal des Parks hinterließ auf beiden Seiten der Rassentrennung einen bitteren Geschmack. Sein Niedergang war eine lokale Tragödie.

Am Ende der 1940er, als Amerika sich auf seine neue Identität als Supermacht einstellte, war ich ein kleiner Junge mit Schul- und Nachbarkindern beschäftigt, die alle größer waren als ich. Damals gab es keinen Kindergarten. Im Alter von fünf jahren wurde ich eingeschult. Am ersten Tag pinkelte ich mir in die Hose. Als actes Kind in einer durchsetzungsfähigen Familie war ich aber kein Alpha-Typ. Zu Hause hatten meine älteren Schwestern das Sagen. Die Mutter war oft krank, Dad „hämmerte Asche", machte Überstunden bei der Eisenbahn, jede Stunde, die er konnte und meine ältere Schwester Amelia war das Alpha-Tier. Wenn ich nicht folgte, sagte sie, sie würde mich an den Lumpensammler verkaufen – und ich glaubte ihr.

Tatsächlich war der Lumpensammler einer von zwei Brüdern, die eine kleine Farm bewirtschafteten. Sie lag etwa 100 yards von unserem Haus entfernt. Diese zwei Anachronisten der 1950er verhielten sich gegenüber dem Fortschritt starrköpfig. Sie hielten sich ein altes Pferd und ein paar Milchkühe. Sie hatten eine wunderbare Weinlaube und ich vermute, sie bauten etwas Wein an. Familien, wie die meine, kauften dort Milch. Einmal im Monat wurde das alte Pferd angespannt und ein Wagen zog durch die Alleen der Stadt, um altes Eisen, Schrott, Lumpen und Plunder, was man davon noch verkaufen konnte, einzusammeln. Das war Recycling im Stil der 1950er Jahre.

Ein Midwestern Farmhouse

Nachdem die Brüder in den 1950ern gestorben waren, schossen auf ihren Feldern Häuser empor. Diese neue Entwicklung markierte gewissermaßen den Anfang vom Ende der „Glücklichen Tage" der Nachkriegszeit, die heutzutage von den Linken häufig kritisiert wird, wobei sie aber zu unvernünftig sind, die Zeit zu verstehen.

Die 1950er Jahre

Das Jahr 1950 brachte mir kleinem Jungen eine Kalamität, größer als der Korea-Krieg. Mom starb. Sie war gerade erst 44 Jahre alt geworden, doch sie starb als eine alte Frau. Das war nichts Ungewöhnliches in Amerikas kurzer aber hektischer Geschichte. Frauen arbeiteten sich zu Tode, als das Neuland besiedelt wurde, die Fabriken und Eisenbahnen gebaut wurden und das Land bestellt werden musste. Frauen und Mütter wurden millionenfach ausgenutzt, um dieses Land aufzubauen. Die Kosten waren enorm. In späteren Jahren, als ich mich mit Genealogie beschäftigte, und als ich feststellte, wieviele Frauen ein Mann überlebte, wunderte ich mich, warum dies in den Arbeiterfamilien des 20. Jahrhunderts nicht besser geworden war. Natürlich, 1950 war ich erst ein kleiner Junge und kannte noch nicht Geschichte. Ich habe nur meine Mom vermisst.

Die Familie fiel auseinander, die Schwestern heirateten zu früh und der eine Bruder verbrachte sein Leben nur mit Gelegenheitsjobs. Bruder Roy kümmerte sich um die Familie und wir wuchsen auf mit dem Verständnis, dass uns mit den Jahren schließlich die Verantwortung für die Familie zufällt. Mein Bruder Roy übernahm die Verantwortung bis in seine alten Tage und dann war ich dran.

Gewehrsalven und Glockenschläge waren 1953 für im Korea-Krieg Gefallene so an der Tagesordnung, dass sie kaum noch wahrgenommen wurden. Wir Kinder sammelten die Messinghülsen auf dem Friedhof nach der Schule ein. Einmal, als ich auf dem Friedhof Hülsen einsammelte, wettete ich mit einem Freund, dass ich von der Mauer springen könnte, wobei ich dabei einen Baumast zu greifen bekäme. Als ich vom Boden aufstand, flappte mein Arm so lose, dass ich mit der Rückseite meiner Hand bis an meinen Hinterkopf langen konnte. Es gab damals keine Einrichtung wie eine kassenärztliche Versorgung, und wenn es sie gegeben hätte, würden wir sie nicht beansprucht haben. Man versorgte sich so billig wie möglich. Doch es hätte unerschwingliche 75 $ gekostet, was geradewegs aus der Haushaltskasse genommen werden musste.

Da gab es im Katholischen Hospital kein Verhätscheln. Der Arm wurde in einen heißen, schweren Verband gesteckt, der sechs Wochen später abgenommen wurde. Als er geöffnet wurde, zeigten sich am Ellbogen schlecht aussehende Blasen von Inch-Größe. Eine Nonne hielt meinen Arm, während eine andere die Blasen aufriss und die Wunden mit Alkohol reinigte. Mir wurde gesagt, nicht zu schreien und so tat ich es auch nicht.

Eine rigorose katholische Erziehung blieb mir erspart, da in Mutters Familie keine großen Verehrer des Papstes zu finden waren, milde gesagt. Aber ich legte es nicht darauf an, den Schwestern von St. Francis in ihrer tiefempfundenen Verehrung Schwierigkeiten zu bereiten.

Das hatte auch seinen Vorteil, diesen schweren Verband an meinem Arm zu haben. Als ich in der fünften Klasse war, stieß mich der Schul-Rabauke oft um. Unsere alte Lehrerin sah, wie ich ihm mit dem Verband am Ellbogen über die Nase fuhr und er sich blutend auf den Hintern setzte. Sie drehte sich um.

Dr. John Reisert war mein Lehrer in der sechsten Klasse. Er war einer von den Lehrern, an den sich Schüler in späteren Jahren gerne erinnern. Er war in gewisser Hinsicht Vorbild, wie es heute, in den 2010er Jahren, Schulen und Jungen überall ernsthaft benötigen. In meiner Schule gab es „Patrol Boys", Schülerlotsen, und er machte mich zu deren Captain. Ich hatte das Überqueren der Straßen zu organisieren und ließ jeden Morgen die entsprechenden Stellen mit meiner Truppe besetzen. Ich hoffe, dass einige seiner Charakterzüge und Werte an mir hängen geblieben sind. Später, als ich erwachsen und Erzieher geworden war, wurden wir gute Freunde.

Die Erwachsenen, die mir am meisten imponierten, waren seriöse Professionelle, die auch Humor hatten. Als ich heranwuchs, begann ich zu verstehen, dass dies eine Eigenschaft von hervorragenden Leuten ist. John Reisert erzählte eine Story aus der Zeit, als er Prinzipal einer Grundschule war. Er und sein Freund Jack Seville, künftiger Boss von mir, standen in einem Unterstand in der Nähe von Johns Schule. An das Gebäude hatte jemand geschmiert „Mister Reisert isst Mist!" John bemerkte: „Was für ein Kompliment! Niemand nennt mich sonst Mister!"

Dad heiratete wieder bald nachdem Mutter gestorben war. Einige seiner Kinder akzeptierten die Heirat nicht, aber er war von alter Schule und fragte sie nicht nach ihrer Meinung. Bald kam eine Tochter auf die Welt. Die Schwestern und Brüder im Teenager-Alter verließen das Haus und heirateten – zu früh. Die älteren Geschwister distanzierten sich von der neuen Familie. Doch das Leben ging weiter.

Die Familie ist das Herz des amerikanischen Dorfes und Familien-Werte stehen im Zentrum der sozialen Werte. Aber in Amerika steht die Familie nicht allein und darf es auch nicht sein. Nachbarschaften, Kirchengemeinden und die Kommunen sind ebenso wichtig. In meinem Fall hatten ein paar Individuen, jedes anders als das andere, die sich in der Gesellschaft hervor getan hatten, einen profunden Einfluss auf mein Leben. In den 1950er Jahren nahmen sich einige Nachbarn meiner besonders an. So „Unc", der Vizepräsident einer Maschinenbaufabrik in Louisville.

Unc nahm mich an Wochenenden mit zum Truthahn-Schießen. Er zahlte einen Dollar für jeden Truthahn-Schuss und wenn ich den Truthahn gewonnen hatte, gab er mir den Truthahn mit für meine Eisenbahner-Familie. Ich lernte den Neffen Denny von Unc kennen, einen 1953 sieben Jahre alten Jungen, der beide Eltern verloren hatte. Ungefähr 1955 kaufte Unc eine Hütte und einiges Land am Blue River in Indiana. Beide Ereignisse waren für mein Leben sehr wichtig.

Nahezu jedes Wochenende verbrachte ich im Camp am Blue River, wobei Arbeit und Vergnügen ineinander flossen. Leicht war es nicht. Der Platz musste sehr sauber gehalten werden, was viele Stunden Gras mähen bedeutete. Dazu Holz hacken und vieles andere mehr, was getan werden musste. Als ich meine linke Hand gebrochen hatte, lernte ich, Holz mit nur einem Arm zu hacken. Denny und ich kochten und machten sauber. Wenn irgendetwas repariert oder befestigt werden musste – wir lernten, wie es zu machen ist. Wir verlegten Fliesen für den Boden der Hütte. Wir hatten alles richtig zu machen, keine Diskussion. Lerne den rechten Weg und dann tue es! Wenn Unc mit unserer Arbeit nicht zufrieden war, wurde er aber nicht grantig. Wenn es gelungen war, gab es Lob.

Ruderboote, Kanus und Geräte zum Fischen waren stets zur Hand. Wir kannten jeden Felsen im Blue River auf Meilen hinaus. Und oft trugen wir ein Kanu meilenweit stromaufwärts und schwammen dann stundenlang durch Stromschnellen und fischten bis der Blue River in den Ohio mündete.

Uncs Frau „Tante Mill" gab mir Bücher zum Lesen, nachdem sie sie gelesen hatte. Einige Tage später begann sie Fragen zu stellen und wollte meine Meinung über das Gelesene hören. Kein Thema wurde ausgelassen und sie hasste oberflächliches Denken. Sie schickte mich fast täglich zum Gemüseladen, um Tomaten oder einen Laib Brot zu kaufen. Für fünf Cent durfte ich mir dann Cheddarkäse kaufen. Sie tat es, um mich zu beschäftigen, auch wenn sie eigentlich nichts benötigte. Mills Besorgnis und Generosität wirkten sich auf meine Jugend wohltuend aus. Sie ließ mich einen passenden Anzug von Unc anziehen, so dass ich für besondere Ereignisse passend gekleidet sein konnte. Sie ersetzte mir meinen 125 $-Wagen, einen 1947er Oldsmobile, als ich von einem Trunkenbold gerammt worden war. So gelangte ich an einen 1959er Chevrolet. Diese Großzügigkeit erlaubte es mir, das College zu besuchen. Ohne Auto wäre es nicht möglich gewesen, die Universität von Louisville zu besuchen und in Indiana billig zu leben. Sie wusste das und ich werde ihr dafür ewig dankbar bleiben.

Später, nach dem Tod einer meiner Schwestern, musste ich mich um ihre beiden hinterbliebenen Kinder kümmern, als Lieutenant Junior. Mill wusste davon und half mir. Das Sorgerecht erhielt man nur, wenn man ein Haus besaß. Mill gab mir 1.500 $ und wir waren gerettet. Wir haben es ihr später zurück gezahlt, aber sie hat nie darauf bestanden.

Die Nachbarin Miss Alma war eine richtige „Old Maid". Was sie wollte, war ein perfekter Garten und sie wünschte es, ohne allzu viel dafür ausgeben zu müssen. Ich war ein 13jähriger Junge, der für billig arbeitete. Unglücklicherweise war ihr Garten voll von robustester Fingerhirse und Motormäher waren zu teuer. Ihre Wiese wurde zu einem 2-Tage-2-Dollar-Deal. Sie konnte nicht zufrieden gestellt werden, kein Rasentrimmen genügte ihr. Sie war von der Art der anstrengenden alten Damen, die für Kinder eine harte Nuss waren.

Abgesehen von meiner Gartenarbeit, beschloss sie, mir ihre Zeit zu spendieren. Sie liebte es, zu reden und zu argumentieren. Überraschenderweise war sie gut informiert und in politischen und sozialen Fragen auf dem Laufenden. Sie wartete mit dem Essen, bis ich mit der Arbeit fertig war und legte kleine Steaks auf, schenkte uns Kaffee ein und begann eine Diskussion über irgendein aktuelles Thema. Sie konnte sehr gut den Advocatus diaboli spielen, doch gewöhnlich konnte ich erraten, was sie wirklich dachte. Sie reflektierte auch Vorstellungen, wie man sich zu betragen habe, was richtig und falsch ist und was gemeinhin Anständigkeit ist.

Lessons learned

Es war eine gutes Leben und eine gute Zeit, in der wir aufwuchsen. Wir wussten nicht, was „Helikoptereltern" sind. Kinder wanderten eine Meile zu Fuß zur Schule, auf verkehrsreichen Straßen. Wir spielten an Bächen, Seen und sogar Sümpfen. Wir teilten uns in Gruppen auf und spielten Krieg und benutzten Katzenschwanz-Peitschen als Waffen, um unsere Feinde zu schlagen. Niemand beaufsichtigte uns, wenn wir zum Feiertag am 4ten Juli ein Feuerwerk abbrannten. Wir bastelten Karbid-Bomben. Softair-Pistolen und Pellet-Gewehre waren alltäglich. Meine Brüder und ich schossen uns gegenseitig mit Pellets in den Rücken. Wegen meiner Pellet-Pistole wurde ich zwar von den öffentlichen Plätzen verwiesen, doch keiner dachte daran, die Polizei zu rufen. Jedenfalls akzeptierte ich, dass ein Junge keine Pistole haben darf. Auch andere Dinge sind nicht zulässig, wie Karbid-Bomben und Kämpfe mit

Katzenschwanz-Peitschen. Aber die Eingrenzung kindlichen Fehl-verhaltens hat nichts mit der Betütelung und Kontrolle durch Heli-koptereltern zu tun.

In den 1950er Jahren wurde erwartet, dass wir wussten, was rich-tig und was falsch ist, basierend auf klar verstandenen und eindeu-tigen sozialen Normen. Es wurde erwartet, dass wir in jungem Al-ter auch ohne ständige Beaufsichtigung selbständig handelten. Die Regeln waren durch akzeptiertes Mainstream-Denken bestimmt. Möglicherweise ist es wahr, dass Abweichungen vom Mainstream-Denken unterdrückt wurden, aber es galt als akzeptabel und wir waren in die Nachbarschaft eingebunden.

Die Familien unterstützten diese Regeln. Wenn Vater zur Schule oder zur Polizei gerufen wurde, galt es, die Regeln zu unterstützen und sie von sich aus durchzusetzen und nicht durch Polizei oder Lehrer. Und keiner dachte daran, sein Elternhaus zu verlassen, bevor er wahlberechtigt war.

Selbst für uns Kinder war es unmöglich, von Nachrichten über internationale Dramen verschont zu bleiben. Der Korea-Krieg be-eindruckte uns sehr durch die Arroganz von General MacArthur und die Gefahr durch mehr Atombomben in Asien. Die Sowje-union erschütterte den Glauben Amerikas, das begonnen hatte, sich omnipotent zu fühlen. Der Sputnik veränderte den Kalten Krieg von einem herkömmlichen ideologischen Disput hin zu ei-ner Auseinandersetzung zwischen interkontinentalen nuklearen Supermächten. Es wurde als ein todernstes Nullsummen-Spiel aufgefasst. Wir hatten plötzlich einen Feind. Amerika, historisch zwischen zwei Ozeanen sicher, fühlte sich nun verwundbar.

Auf der Highschool gab es noch keinen Gedanken an ein Studi-um. Realität war, dass das Collge nicht für jeden gedacht ist und dass man üblicherweise arbeiten geht. Ich sah mich eher als einen

Arbeiter. Mein Lehrer in der achten Klasse der New Albany Highschool war Mr. Willman. Er war im Krieg Captain gewesen und hielt mich an, alle für ein späteres Studium notwendigen Kurse, wie Mathematik, Englisch etc., zu belegen, neben all meinen anderen Jobs, z.Bsp. in den Sommerferien Tennisplätze zu warten.

In der letzten Klasse der Highschool lernte ich Wilma Snook kennen, die eine Klasse unter mir war. Wilmas Vater stellte fest, dass ich mich nicht bei den College Boards zur Prüfung für ein Studium gemeldet hatte. Es hätte 25 $ gekostet. Daher drängte er mich, den NROTC-Test zu machen. Das Naval Reserve Officer's Training Corps bereitete qualifizierte junge Männer für den Dienst als Reserveoffiziere in der Navy vor. Ich bestand die Prüfungen und der Weg an die Universität von Louisville und zur Marine war frei.

* * *

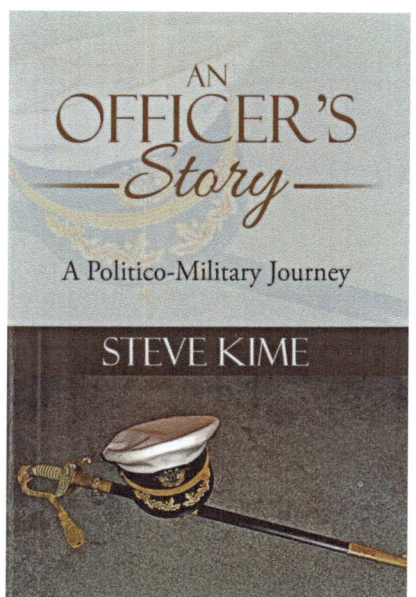

Die obige Darstellung wurde an Hand der Schrift von Steve Kime: An Officer's Story, nacherzählt.

Über den Autor

Steve Kime wurde 1962 Marineoffizier. Er und Wilma Snook heirateten später. Steve fuhr in der Navy auf Ubooten. Während seiner aktiven Zeit konnte er zwei Master Degrees erwerben und in Harvard zum Ph.D. promovieren. Er war zweimal Marineattaché im sowjetischen Moskau, danach Lehrer an der US Naval Academy in Annapolis und verließ die Navy als „Full-Captain", mit der Legion of Merit Medal.

Nach seiner Entlassung übernahm er 1989 den Posten als Präsident der Servicemembers Opportunity Colleges (SOC), einer Institution für die Bildung und Weiterbildung von Veteranen, d.h. von Zeitsoldaten der US-Streitkräfte.

Steve Kime, ~ 1985

Nach seinem Dienstende 2005 erhielt er von der American Association of State Colleges and Universities die „Nickerson Medal of Merit" und vom Departement of Defense die höchste zivile Auszeichnung, der „Defense Civilian Distinguished Service Award".

Er veröffentlichte 2015 seine Erinnerungen in der Schrift „An Officer's Story – A Politico-Military Journey" im Verlag AuthorHouse, Indiana. Steve verstarb 2017 auf seiner Farm in Clifton, Virginia.

Nachwort

Nissenhütten als Notunterkünfte für Flüchtlingsfamilien,
1953 in Hamburg-Harburg.

Fremd in der „Neuen Heimat" ?

Nach Albrecht Lehmann

Als abschließendes Kapitel soll eine Schrift zum Schicksal Vertriebener und Flüchtlinge nach Ende des Zweiten Weltkrieges exzerpiert werden. Der Professor für Empirische Kulturwissenschaften an der Universität Hamburg, Dr. phil. Albrecht Lehmann, wurde 1939 geboren und zählt so ebenfalls zu den zwischen 1930 und 1945 geborenen „Kriegskindern". Aus seiner 1993 bei Beck in München erschienenen Schrift „Im Fremden ungewollt zuhaus – Flüchtlinge und Vertriebene in Westdeutschland 1945 - 1990" sollen hier einige Passagen erörtert werden, die sich speziell auf das Erleben von Kriegskindern beziehen und so die bisher geschilderten Einzelschicksale in einen größeren Zusammenhang stellen. Dabei fließen auch eigene Erlebnisse und Überlegungen des Herausgebers HP mit ein, die kursiv wiedergegeben werden. Lehmann stellt fest:

Das Alter der Kinder zum Zeitpunkt des Kriegsendes 1945 macht sich in ihren sozialen Problemen nennenswert unterschiedlich bemerkbar. Vergleicht man die Situation der damals Fünfjährigen mit der der Zehnjährigen oder gar noch älterer, so stehen für jede Altersstufe wegen ihrer altersbedingten unterschiedlichen Erfahrungen andere soziale Herausforderungen im Vordergrund. So lässt es sich gruppieren in Flüchtlings- und Vertriebenenkinder, die 1945 aus dem Osten kommen und danach in „Flüchtlingskinder" der zweiten und dritten Generation. *[Der Einfachheit halber wird künftig nur von Flüchtlingskindern gesprochen. HP]* Vergleicht man in den 1990ern die Lebensbedingungen der Flüchtlingskinder von 1945 mit Kindern der Einheimischen, sind keine auffälligen Unterschiede mehr festzustellen. Es besteht gesellschaftliche Übereinstimmung, dass die Integration der Flüchtlinge hervorragend gelungen ist.

„Aber wer wird bezweifeln, dass Geschehnisse, wie sie von vielen während der Flucht und Vertreibung erlebt wurden, auch in friedlichen Tagen ihre seelischen Nachwirkungen haben?" [S. 56]

Lehmann greift folgende Aspekte heraus, die das soziale Verhalten von Flüchtlingskindern beeinflussten:

a) Das Leben in Lagern.
b) Die Tüchtigkeit in der Schule.
c) Die Intergrationsideologie und
d) Die Sprache.

Der Einfluss des Lagerlebens auf das soziale Verhalten

Das Leben in Lagern, das bei manchen doch einige Jahre lang dauerte (bis etwa Mitte 1963), drückte seinen Bewohnern, auch wenn es nur zeitweilig war, den Stempel einer Diskriminierung, einer Unterschicht auf. Daher wollten sich sowohl die ehemaligen Insassen wie auch ihre Nachbarn später nur ungerne daran erinnern. Das Leben im Lager war das in einer Zwangsgemeinschaft und erfolgte weitgehend von der einheimischen Bevölkerung isoliert. Zur Diskriminierung der Lagerinsassen trug dazu bei, dass die Anlagen bereits vor dem Kriegsende angelegt und benutzt worden waren und Randgruppen wie Fremd- oder Zwangsarbeiter beherbergt hatten. *Viele Barackenlager waren ehedem auch als Wohnlager des Reichsarbeitsdienstes RAD geschaffen worden, um die Arbeiter größerer Bauvorhaben, wie der Staustufen am Lech, der Autobahnen oder des KdF-Erholungszentrums in Prora, unterzubringen.* Wer dort lebte, genoss nicht den allerbesten Ruf und fühlte sich einer „diskriminierten Minderheit" zugehörig.

Die Verhältnisse im Lager bedeuteten eine außergewöhnliche Lebenssituation im Vergleich zu den Einheimischen. Das Zusammenleben war durch eine kasernenartige Lagerordnung geregelt. Allerdings dürfte dies nicht von allen als unzumutbar empfunden worden sein, denn die Erwachsenen und auch die Jugendlichen hatten eine autoritäre Welt erlebt, in Schule, HJ, BDM oder beim Militärdienst. Die bis zu 15jährigen Kriegskinder haben sich so wohl mühelos eingelebt und das Leben im Lager nicht als besondere Belastung verspührt, besonders da man die unruhigen Zeiten und allgemeine Not, wenn auch nicht sehr komfortabel aber doch in „geordneten Wohnverhältnissen", überstand. Zwar waren die Räume in Baracken, Nissenhütten oder ehemaligen Kasernen überfüllt und eng, aber das führte zu einer Verlagerung des häuslichen Lebens nach draußen, auf die Straßen zwischen den Lagerbaracken und in die Umgebung. „Dabei mangelte es nicht an Gleichaltrigen zum Spielen. Auch im Lager entwickelten sich Formen von Alltagsleben, Freundschaften, Nachbarschaftsverhältnissen und ein Gruppenleben." [S. 59]

Als besonders belastend empfunden wurde von Leuten aus früher wohlhabenderen bürgerlichen Verhältnissen der „Zwang", auf Gemeinschaftsräume, wie Küche oder Toilette – ohne Bad – angewiesen zu sein, wobei es zu vielfältigen allgemeinen Reibereien kommen konnte. Aber die Wohnverhältnisse, darunter z.B. die Notwendigkeit, gemeinschaftliche Anlagen wie Flure reihum putzen zu müssen, verhalfen zu einer schichtenmäßigen Durchmischung.

Zu den persönlichen Reminiszensen des Herausgebers zählt, dass die Erfahrungen der Familie in einer ehemaligen RAD-Baracke an einer Staustufe des Lechs recht gemischt waren. Von wohlbetuchten Verwandten in München abgewiesen fand unsere dreiköpfige Familie zunächst zwar eine Wohnmöglichkeit und der Vater Arbeit gleich nebenan im Lechkraftwerk, aber das Leben in nur einem Zimmer, mit einem Kanonenofen für Heizung und zum Kochen, mit der beständigen Sorge, Ofenholz und auch Lebensmittel „besorgen" zu müssen, war stark eingeschränkt. Andererseits habe ich als Vierjähriger das Lagerleben noch gar nicht richtig wahrgenommen und später das Leben auf einem Bauernhofe noch heute als hilfreiche und nicht als unangenehme Erfahrung empfunden. Doch kann ich Lehmann aus eigenem Erleben beipflichten:

„Meine Erinnerung an das Lagerleben sind wesentlich freundlicher als die an die darauf folgenden Jahre in einer engen Mietwohnung.

Wie in meinem Falle, so dürften für viele Kinder die größeren Probleme erst später entstanden sein, als ihre Familie das Lager verließ. Meistens waren die ersten Wohnungen der Flüchtlinge immer noch unzureichend. Viele lebten zur Untermiete. In den Monaten oder Jahren zuvor hatten sich die Kinder an die unkomplizierteren Formen des Lagerlebens gewöhnt, wo es keine abgeschlossenen Räume, vor allem keine in sich geschlossenen Familien gab. Das Lager konnte ja gerade wegen seiner Abgeschlossenheit nach außen und wegen seiner räumlichen Enge zu offenen Formen des Zusammenlebens von Familien und Gruppen führen. In der Not- und Zwangsgemeinschaft der Lager entwickelten sich manchmal ungeplant Aspekte des Zusammenwohnens, wie sie zwanzig Jahre später mit – überzogenen – idealistischen Vorstellungen planmäßig und freiwillig von Studenten und Akademikern als Alternative zur bürgerlichen Kleinfamilie – als Wohngemeinschaft, Kommune, Großfamilie – angestrebt wurden." [S. 60-61]

Von den Erwachsenen wurde der Zwang, im Lager leben zu müssen, oft auch als Folge eigenen Versagens empfunden. Das führte dazu, später diese Zeit „auszublenden", zu tabuisieren. In Erinnerungsberichten zeigt sich ein „Vergessen-Wollen". Für Kinder war die Wahrnehmung der Lebensumstände recht unterschiedlich: Ein damals Siebenjähriger „romantisiert die Lagerzeit heute als ungestörtes Räuberspielen, als ein freies Leben in der Natur." [S. 63] Für ein 17-jähriges Mädchen wurde die Lagerzeit zum Alptraum. Sie musste zur Existenz der Familie beitragen, auf den Feldern Getreidekörner und Kartoffeln auflesen und an Haustüren um Äpfel betteln gehen. Im Ort war sie neu, kannte sich nicht aus und versuchte im nächsten Haus die Toilette benutzen zu dürfen. Sie klingelte an einer Haustür und musste sich anhören: „Bei mir nicht! Flüchtlinge kommen mir nicht ins Haus!" Wenn sie heute an diesem Haus vorbeikommt, muss sie bitter daran denken. „Wir aus dem Lager, wir waren minderwertig. Wir waren ja nichts!" [S. 64]

„Dabei sahen die Verhältnisse für die Familien, die nicht in Lagern, sondern in Notwohnungen oder zur Untermiete lebten, vielfach nicht wesentlich günstiger aus. Ein Bremer Pädagoge berichtete 1949 über die Verhältnisse in seiner Stadt, dass dort 40 % der Schüler das Bett mit einem Familienmitglied teilen mussten. Ein Viertel aller Flüchtlingskinder kam aus einer Wohnung, die für die ganze Familie aus einem Raum bestand. In jeder dritten Flüchtlingsfamilie fehlte der Vater." [S. 65]

Die Beurteilung der Schultüchtigkeit

„In den Bildungsinstituten, Schule, Hochschule, auch im beruflichen Ausbildungswesen, machten sich die sozialen Probleme und ihre Folgen in besonders bedrängender Weise bemerkbar. Deshalb wurde die Frage nach den Folgen des Flüchtlingsleids – nach der ‚Sozialtüchtgkeit' der Flüchtlingskinder – lebhaft in Pädagogenkreisen und gelegentlich auch in den Familien diskutiert." [S. 66]

Zunächst bereitete es Probleme, Schüler aus dem Osten einer Klasse zuzuweisen, die ihrem Kenntnisstand entsprach. In den Zeiten auf der Flucht oder während der Besatzungszeiten hatten viele keinen schulischen Unterricht erhalten. Einweisungen in Klassen, in denen der Unterricht schon Monate vorher begonnen hatte, hinterließen Bildungslücken, die nicht auf der Schule zu schließen waren. Außerdem galt es unter Pädagogen als ausgemacht, „dass die kleinen Flüchtlinge den Kindern der Einheimischen erheblich an Begabung unterlegen sein mussten." [S. 66] Als Gründe wurden genannt, „dass die Zeit der Entbehrung, das Erlebnis der Flucht, das Aufwachsen großer Teile der Flüchtlingsjugend in der ‚qualvollen persönlichkeitsvergiftenden Enge der Massenlager', der seelischen ‚Vermassung Vorschub' geleistet habe. Unbezweifelbar seien Kinder mit dieser seelischen Hypothek für eine höhere schulische und berufliche Ausbildung weniger geeignet als die ‚schicksalsbegünstigten Kinder' der Einheimischen. Mit solchen schnell getroffenen Einschätzungen lieferte eine populäre Massenpsychologie Argumente gegen junge Menschen, die unverschuldet in ein Leid gestürzt waren. Diese massen- und milieutheoretischen Erwägungen wurden noch um den Hinweis auf das im allgemeinen mindere kulturelle Niveau der Ostgebiete gegenüber dem Westen ergänzt." [S. 66-67]

Die Auswirkungen von Wohnortwechseln auf die Schulzeit erlebte ich folgendermaßen: Nach der Einschulung in die Volksschule im September 1948 konnte ich mein erstes Schuljahr in Bayern normal im Juli 1949 abschließen. Danach folgte aus beruflichen Gründen meines Vaters der Umzug nach Hessen. Dort hatte das Schuljahr bereits zu Ostern begonnen. Hurraah, ich konnte zwar in die zweite Klasse einsteigen, hatte aber ein halbes Jahr an Stoff nachzuholen – Nachhilfeunterricht auf Kosten von Freizeit und Kontakten zu den Mitschülern. Und die Noten im „Mündlichen" – da gab es gewisse Unterschiede zwischen dem Bayerischen und dem Hessischen – und in „Heimatkunde" rutschten nach unten. Ostern 1951 begann für mich die vierte Klasse in Hessen, doch im Sommer zogen wir wieder nach Bayern um und das neue Schuljahr begann im Herbst. Diesmal hieß es „zurück" und die vierte Klasse noch einmal von vorne beginnen. Das bedeutete aber kein Ausruhen, denn mit dem Blick auf das kommende Gymnasium und seiner Einstellungsprüfung gab es zusätzlichen Sonderunterricht – wieder auf Kosten des Umgangs mit den einheimischen Mitschülern.

M.a.W.: Ich bin nirgendwo mit den Einheimischen so richtig in Berührung gekommen und warm geworden. Wir Kinder von Heimatvertriebenen blieben die „Flüchtlinge".

Die Benachteiligung von Flüchtlingskindern gegenüber den Einheimischen in Bildung und Ausbildung, die oft auch durch die finanzielle Notlage der Familien noch verstärkt wurde, wurde aber bald durch eine „gegenläufige Dynamik" kompensiert: „Nun wollte der kleine Flüchtlingsjunge seinem gleichaltrigen Nachbarn aus einer einheimischen Familie seine Überlegenheit in den Schulfächern besonders beweisen, – Auch die Konkurrenz zwischen Alt- und Neubürgern um Ausbildungschancen konnte zu einem Movens des späteren Wirtschaftswunders werden." [S. 67]

Die Auswirkungen finanzieller Knappheit der Familien auf die Brüche im Ausbildungsgang der Kinder wurde in der Schrift „Vom Kriegskind zum Marineoffizier" (siehe Literaturverzeichnis) an mehreren Stellen dargestellt.

Und schließlich konnte festgestellt werden: „Das heimatvertriebene Kind in Westdeutschland weist durchschnittlich etwas besseren Schulerfolg auf als das einheimische." [S. 67] Und viele der Flüchtlingskinder haben über Abendkurse und Umschulungen eine zweite Berufskarriere erlebt und waren schließlich den Einheimischen gleichgestellt.

Die Integrationsideologie

Vom Lagerleben ist ein Gefühl der Diskriminierung geblieben, dass man als Flüchtling für gesellschaftliche Fehler „bezahlen" musste, die auch auf die Kappe der Einheimischen gingen. Doch in den Jahren des Wiederaufbaus, des Wirtschaftswachstums, war „Leistungsfähigkeit" gefragt. Das Schlüsselwort für die Lage der Flüchtlinge hieß „Integration". [S. 68]

Zu kränkenden Situationen hatten „Brotpatenschaften" in der Schule (Schulbrot), „Leih-Betteleien", um sich vom Nachbarn etwas auszuleihen, das Warten vor der Tür von Nachbarskindern, da man nicht in die Wohnung gebeten wurde, geführt. Auch die „Besorgungsaktionen" durch Kinder, die Nachlese auf Kartoffel- und Getreidefeldern, das Aufklauben von Fallobst oder Leseholz- aktionen im Wald, kurz, das „Organisieren-Müssen" für den tägli- chen Unterhalt rückten Flüchtlingsfamilien an den Rand der Ge- sellschaft. Doch bedeutete dies für die Familien meist keine große seelische Belastung, wenn solche Aktionen gemeinsam in der Gruppe, in der Familie erfolgten und lediglich als geringfügig „un- erlaubt" empfunden wurden.

Noch 1951 wurde mein Vater in einem bayerischen Dorf auf offener Straße von einem Einheimischen als „hergelaufener, zua- groaster Flichtling" beschimpft, was sich der Herr Diplom- Ingenieur nicht bieten ließ. Es kam zu einer Watscherei – das ein- zige Mal, dass ich meinen Vater handgreiflich erlebte.

Das Gefühl der Diskriminierung wurde erst durch gezielte politi- sche Bemühungen zur Integration, durch die sozialen und politi- schen Ziele einer Vertriebenenpolitik, langsam ausgeglichen. Auch erhöhter Fleiß, Durchmischung der Gesellschaft, z.B. durch Heira- ten mit Einheimischen, trugen dazu bei. Die schwierige Woh- nungssuche wurde durch Wiederaufbau und Neubauten erleichtert.

Groß angelegte Wohnungsprogramme, kommunale, aber auch gemeinsame mit der Kirche, wie die „Geigenbauersiedlung" des Erzbistums Bamberg in Bubenreuth, wie das Projekt der „Neuen Heimat" der Gewerkschaften oder die Förderung durch einzelne Firmen mit dem Bau ganzer Siedlungen, wie den „Siemenssied- lungen" im Raum Erlangen, schufen bessere Rahmenbedingungen für das alltägliche Leben.

Auch politische Aktivitäten wie die von Landmannschaftlichen Verbänden – z.B. mit den Sudetendeutschen Tagen – oder der Partei des Bundes der Heimatvertriebenen und Entrechteten BHE trugen zur Integration in die politische Landschaft bei.

Für jugendliche Nachkriegskinder bedeutete das Integrationsbestreben als prägende Aspekte neben Leistungsdruck auch die Bereitschaft zur Anpassung. Die positiven Erfahrungen verdrängten so die anfängliche Zurückweisung durch Einheimische und den Status als Außenseiter der Gesellschaft.

In den 1960er Jahren waren dann die Flüchtlinge und Vertriebenen „integriert" zu einer „nivellierten Mittelstandsgesellschaft", [S. 69, vgl. auch Schelsky]

Die Sprache

Die verschiedenen alltäglichen Lebensbereiche wie Schule, Elternhaus und Spielstraße mit ihren unterschiedlichen Dialekten führte bei den Kindern zu einer „Mehrsprachigkeit".

„Fälle, in denen der Flüchtlingsjunge auf dem Schulhof Prügel bezog, weil er nicht in der Lage war, den Dialekt der Einheimischen zu sprechen, und dann ein paar Stunden später noch einmal – jetzt von den Eltern – geprügelt wurde, weil er die Familiensprache des Ostens nicht mehr sprechen konnte oder wollte, mögen gelegentlich vorgekommen sein. Aber im allgemeinen vollzog sich der Sprachwechsel wenig spektakulär." [S. 73] Es kann festgestellt werden: „die Übergänge und Vermischungen seien im allgemeinen ‚friedlich' und das Aufgeben des alten Dialektes auf seiten der Flüchtlingskinder der ersten Generation ‚gern' geschehen." [S. 73]

„Sprachliche Anpassungsprobleme und Konflikte waren dabei allerdings nicht zu vermeiden. Fälle von ‚Kettenwanderung', wo die Familien mehrfach die Wohnorte wechselten, waren nicht selten. Die Kinder mussten bis zum Alter von zehn Jahren zwei- oder dtreimal die Mundart ändern. Über die lebensgeschichtlichen Folgen derartiger Anpassungsleistungen, die oft eine Zeitlang ein peinliches Verbergen der eigenen Identität und ein Gefühl der Unsicherheit bedeuteten, ist wenig bekannt." [S. 74]

Zu Hause sprachen bei uns der Vater Sächsisch, die Mutter berlinerte, auf der Straße wurde bei mehrmaligem Wohnortwechsel schwäbisch, hessisch und fränkisch palavert und in der Schule das Hochdeutsche gepflegt. Das Gemisch dieser Dialekte führte nach Jahren zu einem Hochdeutsch mit Dialekt-Einschlüssen, zu Wortwendungen mit einer süddeutschen Sprachfärbung, die auch nach Jahrzehnten in Norddeutschland nicht zu überhören sind.

Es entstanden sprachliche Mischzonen, in denen „wechselseitige Verachtung, Vorurteile und Missverständnisse zwischen den Sprachgruppen an der Tagesordnung waren." [S. 71] Doch mit der Zeit gingen im Westen Mundarten der ehemaligen Heimat verloren. Hochdeutsch wurde zur „Muttersprache". „Überall in Deutschland aber konnte infolge der neuen Siedlungsverhältnisse bald jeder Hochdeutsch sprechen, auch in den traditionellen Dialektregionen. Von daher gesehen förderte das Zusammenleben von Einheimischen und Flüchtlingen die Auflösung der traditionellen Horizonte und die Modernisierung der Gesellschaft, und zwar in beiden Teilen der Bevölkerung." [S. 74-75]

* * *

Quellen, Literatur- und Medien

Bode, Sabine: Die vergessene Generation – Die Kriegskinder brechen ihr Schweigen. Stuttgart : Klett-Cotta, 2004

Cooper, James F.: Lederstrumpf – Erzählungen. Wien-Heidelberg : Ueberreuter, 1951

Fischer, Andreas: Söhne ohne Väter. Dokumentarfilm. Moraki-Film, i.A. von ZDF, 3sat, SWR. 2007

Kime, Steve: An Officer's Story – A Politico-Military Journey. Bloomington (Indiana) : AuthorHouse, 2015

Lehmann, Albrecht: Im Fremden ungewollt zuhaus – Flüchtlinge und Vertriebene in Westdeutschland 1945 – 1990. 2. Aufl. München : Beck, 1993

Lorenz, Hilke: Kriegskinder – Das Schicksal einer Generation. München : List, 2003

Pinl, Harald (Hg.): Vom Kriegskind zum Marineoffizier – Erlebnisse der Crew X/61 vor und nach Kriegsende 1945. Altencelle, Norderstedt : Books on Demand, 2024

Radebold, Hartmut: Abwesende Väter – Folgen der Kriegskindheit in Psychoanalysen. Stuttgart : Klett-Cotta, 2010

Radebold, Hartmut: Die dunklen Schatten unserer Vergangenheit – Hilfen für Kriegskinder im Alter. Stuttgart : Klett-Cotta, 2009

Radebold, Hartmut; Reulecke, Jürgen; Schulz, Hermann: Söhne ohne Väter – Erfahrungen der Kriegsgeneration. Berlin : Ch. Links, 2004

Roberts, Ulla: Starke Mütter – ferne Väter. Töchter reflektieren ihre Kindheit im Nationalsozialismus und in der Nachkriegszeit, Frankfurt a.M. : Fischer, 1994

Rudolph, Wolfgang (Hg.): Geboren in den 40ern – Oh je, wie doch die Zeit vergeht. VW-Käfer … und ein Traum von Freiheit. Kassel : Herkules, 2006

Schelsky, H.: Wandlungen der deutschen Familie in der Gegenwart. Dortmund : Ardey, 1953

Tjardts, Jan Peter: Geschichten um Seefahrt – Reedereien – Navigation. Lebenslauf eines Insiders. Norderstedt : Books on Demand, 2024

Ustorf, Anne-Ev: Wir Kinder der Kriegskinder – die Generation im Schatten des Zweiten Weltkrieges. Freiburg : Herder, 2010

Winterberg, Yury und Sonya – Erinnerungen einer Generation. Berlin : Rotbuch, 2009

Abbildungsverzeichnis mit Nachweis

Buchanzeige:

Vom Kriegskind zum Marineoffizier

Zum Geleit: „Kriegskinder" und Crew X/61
Kriegs- und Nachkriegserlebnisse der beiden Brüder Gunther und
Volker Hartmann – *Volker Hartmann & Hans-Jürgen Heise*
Nun können meine Erinnerungen in Frieden ruhen –
Hans-Jürgen Heise
Jahrgang 39 - Wie ich den Krieg erlebte – *Heinrich Balke*
Letzter Zug nach Westen – *Erhard Peter & H. Pinl*
Wegmarken – *Olaf Cord Dielewicz*
Vertreibung, Flucht und Elend – *Harald Pinl*

Die Geburtsjahrgänge zwischen 1930 und 1945, die als Kinder
die Kriegszeit erlebt haben, werden in der Literatur auch als
„Kriegskinder" bezeichnet. Der Krieg und die Jahre danach haben
bei diesen Kindern, bewusst oder bei den Jüngeren eher unbewusst, ihre Spuren in ihrem späteren Verhalten hinterlassen. Der
Älteste der Marineoffiziercrew X/61 wurde 1932, die Jüngsten
sind 1942 geboren, also alle vor Ende des Krieges 1945 und damit
zählt unsere gesamte Crew zur Gruppe der Kriegskinder.

In diesem Sammelband werden von einzelnen Crewkameraden
die Erlebnisse der letzten Zeit vor und der ersten Zeit nach Kriegsende 1945 – oder soweit sie es aus den Erzählungen der Eltern und
Familien in Erinnerung haben –, wiedergegeben. Mit diesen autobiographischen Berichten, seien sie kurz oder lang, werden die
Einflüsse und Umbrüche im Leben der betreffenden Crewkameraden und ihrer Familien durch den Krieg und seine Folgen doku-
mentiert, um sie nicht in Vergessenheit geraten zu lassen.

Herausgegeben von Harald Pinl bei Books on Demand,
Norderstedt, 2024, BoD-Nr. 21 85 63 19.
Diese Schrift ist als Privatdruck nur über den Herausgeber zu er-
halten: E-Mail: Crewarchiv.X61@t-online.de

Vom Kriegskind zum Marineoffizier

*Erlebnisse der Crew X/61
vor und nach Kriegsende 1945*